KB136119

도전하라!
온 라 인
실전 창업

| 김인섭 저 |

DIGITAL BOOKS
디지털북스

도전하라! 온라인 실전 창업

| 만든 사람들 |

기획 IT·CG기획부 **| 진행** 양종엽·박예지 **| 집필·편집** 김인섭

표지디자인 D.J.I books design studio 원은영

| 책 내용 문의 |

도서 내용에 대해 궁금한 사항이 있으시면
저자의 홈페이지나 디지털북스 홈페이지의 게시판을 통해서 해결하실 수 있습니다.

디지털북스 홈페이지 www.digitalbooks.co.kr

디지털북스 페이스북 www.facebook.com/ithinkbook

디지털북스 카페 cafe.naver.com/digitalbooks1999

디지털북스 이메일 digital@digitalbooks.co.kr

저자 이메일 kimpro@sdml.co.kr

| 각종 문의 |

영업관련 hi@digitalbooks.co.kr

기획관련 digital@digitalbooks.co.kr

전화번호 (02) 447-3157~8

|머리말|

대학 등록금을 내기 위해 20대 초에 창업하여 운 좋게 대학 졸업을 하였다.
졸업 후 디자인 광고대행사에 취업하고, 다시 20대 후반에 창업을 하였다. 90년대 말 벤처 붐을 타고 아이디어 하나로 제법 투자유치도 하였다. 그러나 갑작스러운 IMF와 경기 침체로 사업은 다시 나락으로 떨어지고 절망이었다.
그래도 절망보단 희망으로 웹디자인을 공부했다. 2번의 사업 경험, 당찬 용기 하나로 대기업 인터넷 사업 팀 특채로 넥타이를 매게 되었다.
잠시 머물 것 같았던 넥타이부대 시절이었다. 달콤한 대기업이라는 갑의 세계에서 11년을 근무하다 손뼉 칠 때 떠나라는 무모한 격언에 설득되어 2010년 다시 창업을 하였다. 페이스북을 이야기하는 책 한 권 때문이었다.

이 책을 만들며 수많은 창업 관련 서적을 탐독하였다. 아쉽게도 어려운 전문용어와 이론에 충실한, 그러나 실전에서는 적용이 쉽지 않은 책들이 많았다.
이 책은 창업을 할까 말까를 고민하는 분들이 보기에는 어려운 책이다.
정확한 사업 아이템이 정해지고 창업의 전쟁터에 참전하기로 마음먹은 분들을 위한 창업 실전 지침서이다.
전국의 많은 경력단절 여성, 농업, 어업, 축산업 등 다양한 업종에 종사하다 제대로 된 사업을 해보기 위해 강의 신청을 한 분들을 대상으로 많은 강의를 진행하였다.
수십 년을 책 한번 읽을 시간 없이 가족들을 위해 애써온 분들에게 컴퓨터를 왜 잘 모르시냐고, 왜 이 어려운 강의를 들으러 오셨냐고 물은 적도 있었다. 그런 노트북도 잘 못 키는 분들이 저자의 강의를 듣고 수개월 뒤 환하게 웃으시며 검정 비닐에 싸 주시는 사과 한 보따리가 이 책을 만들게 된 계기가 되었다.

이 책은 그런 분들에게 작은 힘이라도 되고자 최대한 쉽게 따라 할 수 있도록 만들었다. 유튜브 '온라인 실전창업' 채널을 통해 온라인 보충강의도 들을 수 있다.
이 책이 나오기까지 애써주신 출판사분들, 그리고 사랑하는 아내와 아이들에게 진심으로 감사의 마음을 전한다.

2019년 2월 저자 김 인 섭

Contents 도전하라!온라인실전창업

Part 3 실전 온라인채널 구축

도전하라! 온라인 실전창업

Part 4 홈페이지 만들기

Part 5 홍보하기

도전하라! 온라인 실전창업

Part 1 개요

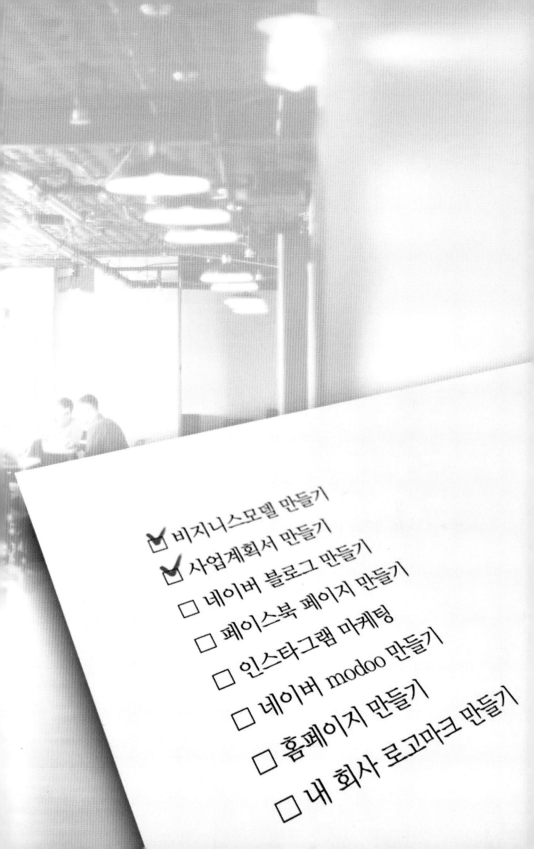

창업? Why?

이 책은 이미 서문에서 서술하였지만 창업을 고민하고 창업아이템을 준비하는 책이 아니라 창업을 하기로 결심하신 분들께 실무적으로 도움을 줄 수 있는 실무 관련 책이다. 비교적 명확한 사업 아이템을 가지고 이미 창업의 출발선상에 서 있는 분들을 위한 책이다.

안타까운 통계자료가 있는데 수년 전 중소기업청에서 조사한 통계자료에 의하면 대한민국의 신규 창업자의 82.6%가 '왜 창업을 하는가?'라는 질문에 '다른 대안이 없어서...'라고 한다. 대안이 없는 생계형 창업을 하다 보니 절실한 목표 설정이나 충분한 준비 없이 일단 출발을 하고야 만다. 이러다 보니 신규 창업 이후 '1년, 3년, 5년'이내 폐업하는 소상공인 비율이 (1년) 37.6%, (3년) 61.2%, (5년) 72.7%에 이른다. 100개의 사업체가 야심 차게 창업하면 5년 내 살아남는 기업은 30개도 못 미친다는 이야기다.

실제 필자가 창업현장에서 현실적으로 느끼는 생존 기업은 10%인 10개에도 못 미친다. 창업 이후 왜 이렇게 성공 확률이 낮을 수밖에 없을까? 그 해답은 생각보다 단순하다.

김밥 집을 오픈하려고 하는 사장님은 자신이 만든 김밥이 제법 맛있다고 자부하며 자금을 끌어모아 가게를 얻고 창업을 한다. 하지만 내 가족 이외 소비자들의 솔직한 평가를 받아보거나, 근처에 경쟁자는 얼마나 있는지, 그들은 얼마에 팔고 있는지, 내가 가게를 낼 곳은 하루에 몇 명 정도가 움직이는지, 아침 시간에 많은지, 저녁시간에 많은 지 철저한 조사 없이 일단 가게 세가 저렴한 곳만 검토하고 준비가 부족한 채 개업식을 한다.

이론적으로도 성공하는 김밥 집을 창업하려면 역세권의 경우, 출근시간에 지하철 출입구 최소 8개 출구에 서서 계수기를 가지고 하루 유동인구를 체크하고, 주변의 경쟁 가게를 방문하여 맛과 가격을 체크해 보고 더 맛있는 김밥을 만들고 더 착한 가격과 더 매력적인 판촉활동을 전개하여야 성공의 문턱에 겨우 턱걸이를 한다.

대안이 없기에 창업을 하지만 적을 알고 나를 알아야 이길 수 있다는 지피지기를 외면한 채 자신만의 육감에만 의지하고 독한 의지 없이 창업을 한다면 성공 확률은 낮을 수밖에 없다고 필자는 확신한다.

창업을 준비하는 많은 분들이 책 한 권 읽지 않고 무모한 도전을 하는 이 어수선한 환경에 그래도 책 한 권 사서 준비하고 있는 여러분은 성공에 한 발짝 다가서고 있다.

창업에 꼭 필요한 7가지

창업을 하기 위해서는 수많은 것들을 필요로 한다. 하지만 그중에서도 실무적으로 반드시 필요한 것을 7가지로 정리해 보았다. 창업 아이템 업종에 따라 조금 다르기는 하지만 공통적이고 중요한 것만을 모아 보았다.

아래 7가지 중에 몇 가지가 준비되었는가에 따라서 준비되지 못한 부분만 읽고 차근차근 따라 하면 실제로 수백만원 이상을 절감할 수 있다. 이번 장은 창업에 꼭 필요한 7가지를 상세히 서술하였다.

1. 사업계획서 작성

출간된 수많은 창업 관련 서적들을 보면 대부분의 책에서 창업 시 사업계획서를 반드시 작성하고 치밀하게 잘 작성하여야 한다고 이야기하고 있다.

사업계획서 작성 방법은 유튜브만 검색해도 수십 건이 등장하고 각종 창업 관련 기관에서도 무료로 온라인 강의 및 오프라인 강의를 접할 수 있다.

문제는 항상 사업 구상은 되지만 사업계획서 작성의 실천으로 빠르게 문서로 옮기지 못하는 것이 현실이다. 수년간 농업, 어업 또는 컴퓨터 업무를 전혀 해보지 않은 직종에 계시던 분이 컴퓨터로 문서 형태의 사업계획서를 작성하는 일은 쉬운 일이 아니다. 그러나 전쟁터에 나가는 군인이 총과 총알만 들고 치밀한 전략과 지도 없이 전투에서 승리하는 것은 그냥 운명에 내 목숨을 맡기는 무모한 일이다.

수십 년 전 베트남전에서 전장 철수를 하는 정글 속에서 길을 잃은 5명의 병사가 이제 다 죽었구나 하는 상황이었지만 낡은 지도 하나를 발견하고 모두 살아 나왔다는 이야기가 있다. 놀라운 이야기는 그들이 발견했던 지도는 베트남 정글 지도가 아닌 미국의 어느 시골 지도였다고 한다. 희망이 그들을 살렸고 지도는 그들을 하나로 뭉쳐주는 도구였을 뿐이다.

사업계획서가 잘 만들어졌다고 반드시 성공하지는 않는다. 그러나 성공 확률은 반드시 상승한다. 컴퓨터 프로그램 다루는 능력이 부족하다면 지금부터 컴퓨터를 켜고 기초적인 책을 사서 조금 조금씩 공부하기로 하자. 처음부터 잘하는 사람은 없고 지금 시작하는 것이 가장 빠른 선택이다.

이 책을 보고 있는 분들 중에 혹시 창업은 결심하였지만 사업계획서를 어떻게 잘 쓰는지는 몰라 답답한 분이 계신다면 걱정할 필요는 없다. 이 책에서 필자가 설명드리는 데로 차근차근 잘 따라 하시면 사업계획서를 잘 만들어 낼 수 있다.

● 비즈니스 모델을 잘 만들기 위한 9가지 질문

사업계획서를 잘 쓰기 전에 먼저 사업 아이템의 구체화, 영어로 말하자면 비즈니스 모델을 정확히 확립하고 진행해야 한다. 비즈니스 모델을 이해시키기 위한 설명서가 많은 페이지로 구성되어 있으면 어떤 사업모델인지 설명도 어렵고 이해시키기도 어렵다.

이러한 비즈니스 모델을 조금 쉽게 한 장의 페이퍼 안에 모두 담아 만들 수 없을까 해서 전 세계 석학들이 모여 만든 비즈니스 모델 캔버스 9블록 모델이라는 것이 있다.

▲ Business Model Canvas in 5 minutes (https://youtu.be/QoAOzMTLP5s)
유튜브에 '비즈니스 모델 캔버스 9'으로 검색해 보면 영어로 된 영상도 있지만 국내 유명한 강사들이 알려주는 배우기 영상도 있다. 실제 작성 사례를 설명하는 영상도 많이 있다.

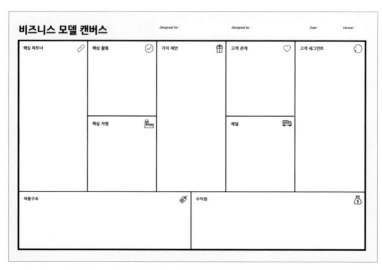

▲ 비즈니스 모델 캔버스 9의 빈 양식지. 구글에서 이미지로 검색하면 출력 가능한 PDF가 많이 있다.

비즈니스 모델 캔버스 9의 아홉 가지 질문은 다음과 같다.

Business Model Canvas 9

당신의 비즈니스 모델 구체화를 위해 다음의 _____을 작성해 보자.

1. Customer Segments (고객 세그먼트)
  - 누구를 위한 사업인가? 어떤 고객을 타깃으로 하는가?

2. Value Proposition (가치 제안)
  - 고객에게 무엇을 해 줄 수 있는가? 고객에게 어떤 가치를 전달할 것인가?

3. Channels (채널)
  - 고객과 소통하기 위한 채널은 무엇인가? 고객과의 소통은 어떤 방법으로 할 것인가?

4. Customer Relations (고객 관계)
  - 고객과의 관계를 어떻게 만들 것인가? 지속적으로 어떻게 유지할 것인가?

5. Revenue Stream (수익원)
  - 제품(서비스) 제공으로 어떤 수익이 발생하는가? 어떤 수익을 창출하려는가?

6. Key Resoruces (핵심 자원)
  - 당신의 비즈니스를 원활히 진행하는데 가장 필요한 자원은 무엇인가? 현재 있는가?

7. Key Activities (핵심 활동)
  - 당신의 비즈니스를 지속적으로 영위해 나가기 위해서 꼭 해야 하는 일들은 무엇인가?

8. Key Partnerships (핵심 파트너십)
  - 당신의 비즈니스를 원활하게 해줄 수 있는 핵심 파트너 공급자는 누구인가?

9. Cost Structures (비용 구조)
  - 당신의 비즈니스 모델을 운영하는데 발생하는 모든 원가와 비용을 모두 써 보자.

실제 강의를 하며 비즈니스 모델 캔버스 9 양식지를 나눠주고 직접 연필로 작성하여 각자 발표해 보면 서로의 모델 정의를 보며 자신의 비즈니스 모델 구체화에 많은 도움이 된다. 먼저 영상을 찾아본 후 차분히 작성해 보면 다음 장의 사업계획서 만들기가 훨씬 수월해진다.

● 잘 만든 사업계획서 보기 : 슬라이드쉐어 벤치마킹

포털사이트에서 사업 계획서 샘플을 아무리 찾아봐도 제대로 된 자료 하나 구하기가 힘이 든다. 검색해 들어가 보면 정말 수준 이하의 자료를 유료로 구매하라고 유도한다. 이럴 때 바로 전 세계 사업 계획서를 모아서 공유하는 사이트가 있다.

바로 슬라이드 셰어(www.slideshare.net)이다. 다가오는 세상은 자동차, 집, 공간 그리고 더 많은 것을 공유하는 세상이다. 슬라이드 셰어는 발표나 보고를 위해 만든 자료를 공유하는 사이트이다. 내가 만든 슬라이드 자료도 얼마든지 업로드하여 공유할 수 있다.

왜 공유하는가? 이러한 공유 사이트를 통해서 자신의 사업 아이템도 홍보하고

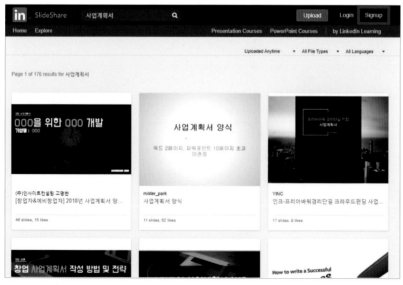

▲ 슬라이드쉐어 검색창에 '사업계획서'를 검색해 보자. 한국어로 된 사업계획서만 수백개가 검색된다. 다양한 업종의 사업계획서를 볼 수 있다. 우측 상단에 Signup을 클릭하여 회원가입을 하면 모든 슬라이드를 다운로드 받을 수 있다.

강의자료 공유로도 사용하기 위해 민감한 부분은 제외하고 공유하는 사이트라고 보면 된다. 포털 검색창에 '슬라이드 셰어'로 검색하면 쉽게 찾아 들어갈 수 있다.

접속해 보면 모두 영어로 나와 당황스러운데 검색창에 '사업 계획서'를 검색해 보자. 한국어로 된 사업 계획서만 수백 개가 검색된다. 다양한 업종의 사업 계획서를 볼 수 있다.

우측 상단에 Signup을 클릭하여 회원가입을 하면 모든 슬라이드를 다운로드할 수 있다. 다운로드한 자료는 모두 PDF 파일로 되어 있어 수정은 불가능하지만 인쇄 출력은 얼마든지 가능하다.

▲ 슬라이드쉐어는 페이스북 로그인으로 회원가입이 가능하다.

앞 장에서 비즈니스 모델을 차분히 설정해 보았다면 이번에는 나와 유사한 업종이나 아이템이 있는지 있다면 사업 계획서를 어떻게 썼는지 살펴보자.

슬라이드 셰어의 자료는 잘 찾아보고 참고하되 캡처해서 사용하거나 똑같이 복사해서 만들면 저작권을 침범할 수도 있다.

잘 만든 사업 계획서는 페이지 수가 중요하지는 않다. 어떠한 이야기와 단어로 설득하는지, 어떠한 이미지를 적절히 활용하는지, 어떤 통계자료와 그래프를 사용하는지 등의 참고 자료로 사용하여야 한다.

옷을 잘 입는다고 평판을 듣는 이들은 많은 옷을 보고 입어 본 이들이다. 이것이 바로 벤치마킹 (benchmarking)이다. 벤치마킹은 기업이나 개인이 우수한 타 기업의 제품이나 기술, 경영 방식을 배워서 응용하는 일이라고 정의한다.

고인이 되신 애플의 창업자 스티브 잡스는 일부러 벤치마킹을 하지 않았다고 한다. 자신이 구상하고 있는 제품의 아이디어에 방해가 되고 비교가 될 만한 제품이 없다는 엄청난 자신감이었다고 볼 수 있다.

벤치마킹의 단점은 내가 가진 비즈니스 모델이 빈약할 경우 오히려 위축이 되거나 기가 막힌 경쟁사의 제품에 매료되어 선입견에 사로잡힐 수도 있다.그래도 사업 계획서는 잘 만든 사업 계획서를 보고 나면 자신의 사업 계획서를 허술하게 마무리하지 않으려는 자존심이 생길 가능성이 커지기에 많은 자료의 벤치마킹을 권장한다.

● 사업계획서 만들기 (Google 프레젠테이션 템플릿 활용)

이제 실제 사업 계획서를 한번 만들어 보기로 하자. 컴퓨터에 파워포인트 프로그램이 없어도 상관없다. 구글에서 무료로 제공하는 Google 프레젠테이션을 사용해서 만들어 보자.

타인의 투자나 기관의 도움, 정부 지원금이 전혀 필요 없이 100% 자기 자본으로 창업하시는 분도 구체적인 사업 계획을 세워놓고 가는 것이 사업 성공으로 가는 지름길이다.

사업 계획서는 10페이지 내외가 좋다. 그 이상이 되면 보는 이들이 지루해 할 수 있다. 성공할 확률이 큰 사업 아이템일수록 짧은 시간에 설득이 가능해야 한다.

일반적인 사업 계획서에 반드시 들어가야 할 내용은 다음과 같다.

⏰ 사업계획서 제작 순서

1page	표지 (간결한 제목과 이해하기 좋은 관련 이미지 사용)
2page	목차 (페이지번호를 안내해 주는 것도 좋다)
3page	비즈니스 모델의 정의·요약 (사업 아이템의 짧은 설명)
4page	비즈니스 모델의 개발 동기 (현재의 문제점 또는 필요성 설명)
5page	비즈니스 모델의 실제 제안 (문제점의 해결방법과 가치 설명)
6page	수익모델 및 가격정책 (어떻게 돈을 벌 것인가 하는 설명)
7page	경쟁사 및 시장상황 (경쟁사 상황과 시장 트랜드 설명)
8page	사업 추진 일정 (비즈니스 모델 개발 로드맵)
9page	사업추진 팀 소개 (대표자이력 및 추진 인력 프로필)
10page	재무계획 (향후 3년간 월별 비용 계획 및 예상 손익)
11page	투자자 또는 읽는 이에게 도움이 될 만한 정보 또는 하고 싶은 말

위의 내용으로 사업 계획서를 직접 작성해 보자. 생각보다 쉽지는 않지만 그리 겁날 것도 없다.

이제 다음 장의 실전창업 차근차근 따라하기를 보면서 사업 계획서를 만들어 보기로 하자.

● Google 크롬 설치하고 로그인하기

Google 프레젠테이션을 사용하여 사업 계획서를 만들기 위해 컴퓨터를 켜졌다면 가장 먼저 해야 할 일은 새로운 웹브라우저인 Google 크롬을 설치하는 일이다.

웹브라우저란 웹서핑을 하기 위한 인터넷 접속 프로그램으로 여러 회사에서 다양한 종류가 개발되어 있다. 대표적으로 마이크로소프트사의 인터넷 익스플로러 (Internet Explorer), 구글의 크롬(Chrome), 모질라의 파이어폭스(Firefox), 애플의 사파리(Safari) 등이다. 윈도우10부터 기본으로 장착되는 엣지(Edge) 이 밖에도 국내 업체인 네이버가 개발한 웨일(Whale) 브라우저 등이 있다.

▲ 다양한 웹브라우저 (왼쪽에서부터 익스플로러, 크롬, 파이어폭스, 사파리, 엣지, 웨일)

Google 프레젠테이션을 사용하기 위해서는 반드시 Google 크롬을 설치해야 하는데 크롬은 세계적으로 가장 많이 사용하는 웹브라우저이며 스마트폰과 가장 연동하기 좋은 웹브라우저이다.

Google 크롬을 설치하는 방법은 포털 검색창에 한글로 '크롬 다운로드'이라고 검색한 후, 공식 사이트인 (https://www.google.com/chrome/) 접속하여 무료로 다운로드해 설치하면 된다.
크롬 설치를 완료하고 나면 Google 로그인 화면이 뜬다.

여기서 문제는 바로 계정 만들기를 통해 구글 계정을 만들 수 있지만 여러분이 보유하고 있는 스마트폰이 애플에서 만든 아이폰이 아닌 경우의 대부분의 스마트폰은 개통을 하면서 이미 구글 계정을 보유하고 있다고 봐야 한다.

왜냐하면 구글 계정이 없으면 대부분의 안드로이드폰은 개통이 되지 않으므로 스마트폰 개통 회사 대리점의 직원이 임의로 입력하여 개통되는 경우가 상당히 많은 편이다.

먼저, 자신의 스마트폰을 꺼내어 구글 계정을 일단 확인해 보아야 한다. 만약 구글 계정 이메일과 비밀번호를 기억하고 있다면 로그인하여 진행한다.
만약에 자신도 모르는 구글 계정이 스마트폰에 설정되어 있는 경우 또 다른 구글 계정을 만든다면 여러분의 컴퓨터와 스마트폰은 동기화되지 않는다.

동기화가 되지 않는다는 의미는 스마트폰에서 찍은 사진을 컴퓨터로 옮기거나 일정관리, 주소록 관리 등을 컴퓨터와 스마트폰에서 따로따로 해야 한다는 의미이다.

자신의 스마트폰 앱 중에서 앱을 다운로드해 설치할 수 있는 Google Play 스토어를 열고 왼쪽 상단의 ≡표시를 눌러 보면 자신의 구글 계정을 확인할 수 있다. 크롬과 스마트폰을 동기화해서 사용하고 있는 오른쪽 예시 화면을 보면, 사무실이든 집이든 스마트폰에서까지 자주 방문하고 업무에 도움이 되는 사이트를 북마크 동기화로 동일하게 사용할 수 있다.

구글 크롬의 장점이자 단점은 Google 계정으로 로그인을 해서 사용한다는 것이다. 개인적으로 나만이 사용하는 컴퓨터에서는 크롬에 로그인하여 사용하면 상당히 편리하지만 공공장소에서 크롬을 다운로드해 사용한다면 자리를 떠날 때 반드시 크롬을 삭제하거나 인터넷 사용 기록 삭제를 통해 쿠키, 캐시 등을 삭제해 주어야 한다.

많은 개인용 컴퓨터 또는 학교 전산교육장에 설치된 컴퓨터를 살펴보면 대부분 설치된 웹브라우저는 기본 웹브라우저인 인터넷 익스플로러이다.인터넷 익스플로러는 마이크로소프트에서 윈도의 기본으로 설치되는 웹브라우저로 대부분의 컴퓨터 초보자가 사용하는 웹브라우저이다. Active X가 거의 필수적인 국내 은행, 관공서 홈페이지의 보안 프로그램 설치 이유로 어쩔 수 없이 많이 사용되어 온 웹브라우저이다. 익스플로러의 가장 큰 문제는 사용하면 할수록 느려지는 속도와 Active X의 관리 문제이다.

예를 들어 우리가 책상을 치우지 않고 며칠 동안 계속 사용하게 되면 먼지를 비롯하여 메모지, 필기구, 책 등이 너저분하게 방치될 수밖에 없다.이 너저분한 책상을 수시로 정리하고 청소를 해 주어야 깨끗한 책상이 유지가 되는데 대부분의 사용자가 바이러스 프로그램 또는 PC 클리너를 거의 사용하지 않기에 웹브라우저가 느려지는 문제가 많이 발생하고 있다.

Google크롬 설치하고 로그인하기

① Google프레젠테이션을 사용하기 위해서는 구글에서 개발한 웹브라우저인 Google크롬을 먼저 설치하여야 한다. 웹브라우저란 웹서핑을 하기 위한 인터넷 접속프로그램이다.
포털사이트에서 '크롬 다운로드'라고 검색하면 아래의 크롬브라우저 다운로드 화면으로 이동한다.

▲ 구글 크롬브라우저 다운로드 화면 (https://www.google.com/intl/ko_ALL/chrome/)

② Google로그인에서 아래의 계정 만들기를 통해 구글 계정을 만들 수 있지만 여러분이 보유하고 있는 스마트폰이 애플에서 만든 아이폰이 아닌 경우의 모든 스마트폰은 개통을 하면서 이미 구글 계정을 보유하고 있다고 봐야 한다.

③ 자신의 스마트폰앱 중에서 앱을 다운받아 설치할 수 있는 Google Play 스토어를 열고 왼쪽 상단의 ≡ 표시를 눌러 보면 자신의 구글 계정을 확인할 수 있다.

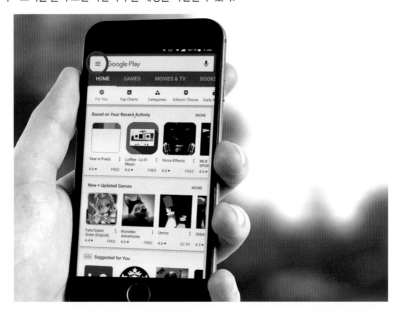

④ 크롬과 스마트폰을 동기화해서 사용하고 있는 예시 화면을 보면, 사무실이든 집이든 스마트폰에서까지 자주 방문하고 업무에 도움이 되는 사이트를 북마크 동기화로 동일하게 사용할 수 있다.

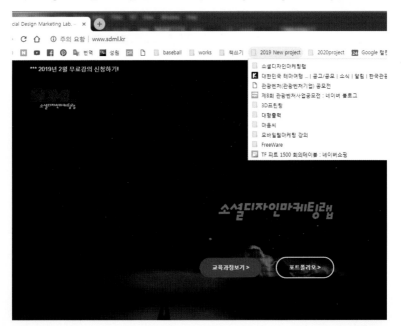

익스플로러는 Active X를 비롯하여 수많은 경고 창이 갑자기 뜨는 애드웨어가 침투하기 비교적 쉬운 웹브라우저로 컴퓨터의 성능 문제가 아니라 관리를 제대로 하지 않으면 점점 느려지는 속도에 컴퓨터를 저 멀리 던져 버리고 싶을 때가 있다.

구글 크롬을 제대로 활용하면 언제 어디서나 동일한 북마크 메뉴, 나의 스마트폰 속 사진 자동 업로드, 무료 엑셀, 무료 워드프로세서 웹 프로그램 사용 등의 다양한 혜택이 있다. 크롬 초기 화면인 구글 화면에서 오른쪽 상단의 부분을 클릭하면 다양한 Google의 무료 App을 볼 수 있다. 무료로 제공되는 지도, 유튜브, Gmail, 드라이브, 캘린더, 사진 등을 스마트폰과 동기화하여 사용할 수 있다.

이제 본격적으로 Google 프레젠테이션으로 사업 계획서를 만들어 보자. Google 프레젠테이션으로 빠르게 가는 방법은 크롬 브라우저에 로그인한 후 자신의 Google 드라이브로 들어가야 한다. Google 드라이브는 무료 클라우스 저장 서비스로 사진, 영상, 문서 등의 자료를 개인적으로 저장할 수 있는 나만의 공간이며 15G까지는 무료로 제공된다.

왼쪽 상단 (+ 새로만들기)를 클릭하면 아래로 메뉴가 펼쳐지며 Google 프레젠테이션이 보인다. 이때 오른쪽으로 마우스를 한 번 더 이동하여 '템플릿에서'를 클릭하면 된다.

빈 프레젠테이션은 말 그대로 하얀 백지가 열리게 되고 템플릿을 선택하면 구글에서 제공하는 기본적인 프레젠테이션 양식을 사용할 수 있다. 디자인 측면에서 대단히 미려하지는 않지만 사업 계획서와 가장 유사하다. 템플릿 갤러리에서 업무 카테고리의 컨설팅 제안서를 선택하여 사업 계획서로 만들어 보기로 한다.

템플릿이 열리면 마이크로소프트 오피스의 파워포인트와 거의 흡사한 화면이 열린다. 총 20장의 컨설팅 제안서가 열리는데 가장 먼저 표지의 회사 이름과 제목, 부제목, 배경 이미지를 교체해 주어야 한다.

수정이 필요한 곳을 클릭하고 글씨를 수정하고, 배경 이미지는 배경에 마우스를 대고 오른쪽을 누르면 배경 바꾸기 메뉴가 있다. 배경에 적합한 사진을 직접 촬영하거나 픽사베이에서 다운로드해 변경해 준다.

배경 이미지는 픽사베이에서 음식점으로 검색하여 다운로드해 배경에 마우스 오른쪽을 클릭하여 변경하였다. 이때 배경이 상단만 변경된다면 상단 메뉴 〉 슬라이드 〉 마스터 수정으로 가서 겨울산의 이미지를 삭제하면 된다.

마스터 수정 상태에서 페이지 상단의 '기밀, 회사용으로 맞춤 설정됨, 버전 1.0' 등의 상단 글씨는 마스터 수정에서 삭제해 준다. 다음으로 사업 계획서로 제목을 변경하고 아래 부제를 수정하였다.

마스터란 모든 슬라이드에 동일한 글꼴이나 배경, 디자인 등을 적용하기 위해 만들어진 기능이다. 일반 모드에서 클릭 수정이 안 되는 것은 대부분 마스터 수정에서 수정, 삭제가 가능하다.

다음 페이지의 차근차근 따라하기로 실제 나만의 사업 계획서를 지금 바로 만들어 보자.

Google프레젠테이션으로 사업계획서 만들기

① Google프레젠테이션으로 빠르게 가는 방법은 크롬브라우저에 로그인한 후 자신의 Google드라이브로 들어가야 한다. Google드라이브는 무료 클라우스 저장서비스로 사진, 영상, 문서 등의 자료를 개인적으로 저장할 수 있는 나만의 공간이며 15G까지는 무료로 제공된다.

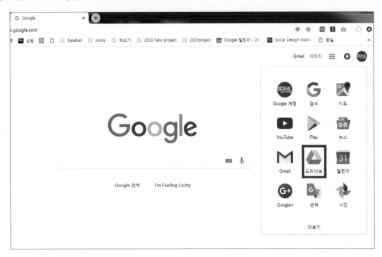

② Google프레젠테이션으로 빠르게 가는 방법은 크롬브로우저에 로그인한 후 구글드라이브로 들어가 왼쪽 상단의 +새로 만들기를 클릭하면 아래로 메뉴가 펼쳐지며 Google프레젠테이션이 보인다. 이 때 오른쪽으로 마우스를 한번 더 이동하여 '템플릿에서'를 클릭하면 된다.

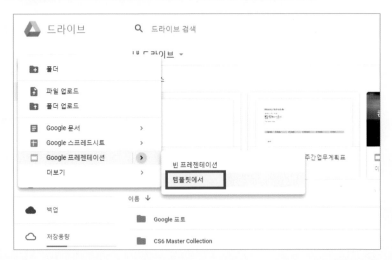

③ '템플릿에서'를 선택하면 구글에서 제공하는 기본적인 프레젠테이션 양식을 사용할 수 있다. 디자인측면에서 대단히 미려하지는 않지만 사업계획서와 가장 유사하다. 템플릿 갤러리에서 업무 카테고리의 컨설팅 제안서를 선택하여 사업계획서로 만들어 보기로 한다.

④ 템플릿이 열리면 마이크로소프트 오피스의 파워포인트와 거의 흡사한 화면이 열린다. 총 20장의 컨설팅 제안서가 열리는데 필요한 11페이지만 남기고 9페이지는 삭제해 준다. 페이지를 삭제하는 방법은 왼쪽의 페이지 썸네일의 삭제하고 싶은 페이지를 마우스 오른쪽으로 클릭하면 5번째 삭제 메뉴가 있다. 총 11페이지만 남기고 모두 삭제한다.

⑤ 표지의 이미지를 바꾸는 방법을 배워보자. 배경이미지는 배경에 마우스를 대고 오른쪽을 누르면 배경 바꾸기 메뉴가 있다. 배경에 적합한 사진을 직접 촬영하거나 PC에 저장된 사진을 업로드하여 변경해 준다. 사업계획서 작성시 미리 표지 이미지는 준비하여야 한다.

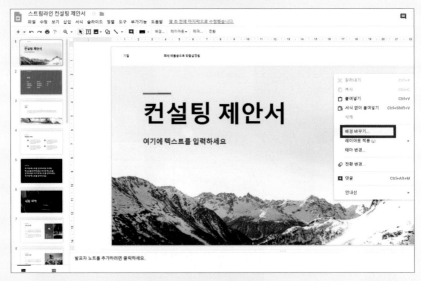

⑥ 배경이미지는 무료 이미지사이트 픽사베이(www.pixabay.com)에서 '음식점'으로 검색하여 다운로드 받아 배경을 변경하였다. 이 때 배경이 상단만 변경된다면 상단메뉴 > 슬라이드 > 마스터 수정으로 가서 겨울산의 이미지를 삭제하면 된다. 다음으로 표지에서 제목, 부제목, 상단의 기타 글씨들을 교체해 주어야 한다. 수정이 필요한 곳을 클릭하고 글씨를 수정하면 된다.

표지 상단의 작은 글씨가 클릭이 안되는 경우에도 상단메뉴 > 슬라이드>마스터 수정 으로 이동하여 삭제하여야 한다. 마스터 수정상태에서 페이지 상단의 '기밀, 회사용으로 맞춤 설정됨, 버전 1.0' 등의 글씨를 마스터 수정에서 삭제하거나 수정해 준다.

⑦ 마스터 수정이란 모든 슬라이드에 동일한 글꼴이나 배경, 디자인 등을 적용하기 위해 만들어진 기능이다. 마스터페이지를 사용하면 일정한 디자인의 페이지를 동일하게 많은 페이지에 적용하고 한꺼번에 수정이 가능하다. 일반 모드에서 클릭 수정이 안되는 것은 대부분 마스터 수정에서 수정, 삭제가 가능하다.

⑧ 이제 각각의 페이지를 차분하게 채워 나가면 된다. 페이지의 이동은 왼쪽의 작은 페이지모양을 클릭하여 원하는 곳으로 드래그 하면 된다. 팀 소개에서 기본적으로 사람이미지가 3개 있는데 이미지를 바꾸는 방법은 바꾸고 싶은 이미지에 마우스 오른쪽을 클릭하면 하단부에 이미지 바꾸기가 있고 그 옆의 메뉴에서 '컴퓨터에서 업로드'를 선택하면 된다.

사업계획서나 모든 문서작업을 위해서는 이미지는 미리 준비해 두는 것이 좋다. 팀소개에 들어갈 대표자 이미지, 나머지 두 사람의 이미지를 미리 준비하자. 두 사람만 넣고 싶다면 마우스로 클릭한 다음 키보드에서 Del 버튼을 누르면 삭제된다. 이후 텍스트도 소개 내용에 맞게 수정해 주면 된다.

⑨ 목차 부분의 배경색상을 바꾸는 방법도 배경색상에 마우스 오른쪽을 클릭하면 색상을 바꿀 수 있는 메뉴가 나오고 단색이 아닌 변화가 있는 그라데이션 배경의 적용도 가능하다.

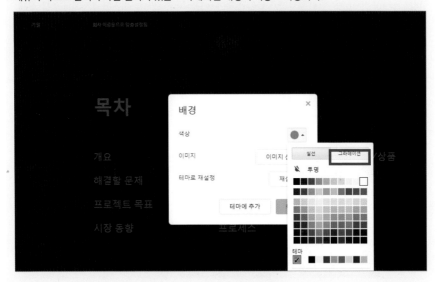

⑩ 각 페이지에서 제목을 먼저 수정하고 아래 본문 내용을 수정한다.
나의 사업 아이템 개요와 내용에 적합한 이미지를 변경해 준다. 각 페이지 수정방법은 동일하다.

⑪ 동향 분석 페이지에서는 아래와 같이 차트 삽입도 파워포인트와 동일하게 가능하다.
상단 메뉴 삽입>차트 >열 을 클릭하면 차트가 삽입되는데 차트의 오른쪽 상단에 링크 표시를 누르면
원본 소스 열기가 된다. 차트 데이터를 입력 변경하면 차트의 내용을 변경할 수 있다.

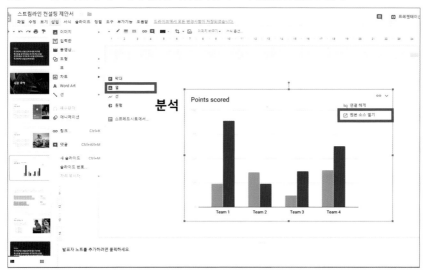

⑫ 차분하게 내용을 모두 채워 완성을 하게 되면 자동으로 자신의 구글 드라이브에 저장이 되고 누구에
게나 공유할 수 있다. 오른쪽 상단의 노란색 공유버튼을 클릭하면 된다. 이 때 '링크가 있는 모든 사용자
가 수정할 수 있음'을 선택하고 공유하면 공동 수정 작업도 가능하다.
Google프레젠테이션으로 완성된 파일은 상단 메뉴 파일>다른 이름으로 다운로드를 하게 되면 다양한
파일형태 pptx(파워포인트), PDF파일 등으로 다운로드 받을 수 있다.

Google프레젠테이션의 단점이라면 한글서체는 맑은 고딕, 돋움, 궁서만 제공이 된다는 점이다.
지금부터 Google프레젠테이션을 이용하여 자신만의 사업계획서를 차분하고 꼼꼼하게 작성해 보자.

2. 회사이름 짓기

창업아이템이 정해졌고 사업 계획서를 만들었다면 다음은 회사 이름을 고민해 보아야 한다. 어떤 사업 아이템인가에 따라 다르긴 하지만 회사 이름 하나로 이슈가 되는 경우도 있다. 배달의 민족, 직방, 야놀자, 야나두 등 많은 광고노출로 익숙해진 회사 이름들이지만 이름만 들어도 이 회사는 무엇을 하는 회사인가를 소비자가 떠올릴 수 있다면 회사 이름은 성공한 것이다.

많은 신생기업들이 기발한 아이디어로 나름 회사 이름을 짓지만 재미도 없고 감동도 없으며 이해하기도 어려운 정체불명의 회사 이름도 생각보다 많다. 회사 이름은 단순하면서도 소비자들에게 쉽게 다가갈 수 있는 짧은 이름이 마케팅 전개에 유리하다고 볼 수 있다. 그러나 의미와 재미를 떠나서 실무적으로 회사 이름에서 가장 중요한 부분은 상호 중복이나 상표권 침해 부분이다.

먼저 상호 중복 부분을 알아보자. 가장 쉬운 첫 번째 방법은 검색 포털사이트에서 검색해 보는 방법이다. 대표적인 포털사이트인 네이버와 다음, 그리고 구글에서 검색해 보니 검토 중인 회사 이름이 전혀 검색되지 않는다면 일단은 좋은 회사 이름일 수 있다. 검색 경쟁에서 우위를 선점하기에 좋다. 그러나 안심할 단계는 아니다.

법인 기업으로 설립할 경우 대한민국 법원 인터넷등기소(www.iros.go.kr)에서 법인등기 검색으로 같은 회사 이름이 있는지 반드시 검색해 보아야 한다. 포털사이트에서 현재는 검색이 되지 않더라도 대규모 자본으로 물밑에서 대량 광고를 준비하고 있는 기업이 있을 수 있기 때문이다.

오른쪽 그림처럼 인터넷등기소에 접속하여 '법인상호 열람하기'로 가상의 회사 이름 '세종 푸드'를 검색한 화면이다. 살아있는 등기로 검색되며 이 회사 이름은 법인등기 등록이 불가능하다고 할 수 있다. 여기서 문제는 관할등기소가 다르다면 등록신청이 가능하다는 것이다. 그러나 중복된 관할등기소를 피해 등기신청을 할 경우 관할지방법원 등기과(법인)에서 반려를 통보받을 수도 있다.

▲ 법인기업으로 설립할 경우 대한민국 법원 인터넷등기소(www.iros.go.kr)에서 법인등기 검색으로 같은 회사이름이 있는지 반드시 검색해 보아야 한다.

포털사이트 검색에도 없고, 인터넷등기소에도 중복 상호가 없는 이름을 정해야 사업 추진 시 분쟁을 방지할 수 있다. 회사 이름 등기와 법인사업자등록 진행 등의 복잡하고 어려운 일은 법무사 사무실을 통해 비용을 주고 진행할 수도 있다.

회사 이름을 어렵게 정하였다면 이제는 상표등록 검색을 해 보아야 한다. 상표등록이란 또 갑자기 무엇인가? 상호와 상표는 단순해도 생각해도 크게 다르다. 예를 들면 현대자동차는 상호이고 현대자동차가 만든 자동차 '제네시스'는 상표인 것이다.

현대자동차는 인터넷등기소에서 검색하면 수십 개의 살아있는 등기가 나온다. 법인명은 법인등기를 통해 보호받을 수 있지만 '제네시스'와 같은 상표는 누가 보호해 줄 것인가? 우리나라의 모든 상표는 특허청에서 관리하고 있다.

회사 이름을 짓다가 상표 검색을 하는 이유는 내가 지은 회사 이름이 다른 이에 의해 상표등록이 이미 되어 향후 골치 아픈 문제가 발생할 수 있기 때문이다. 커피전문점의 경우 법인명 등록에는 문제가 없었으나 상표권을 신중히 검토하지 않고 간판을 설치할 경우 유명 커피 브랜드의 상표권 침해로 간판 철거 요구 또는 상표 침해 소송을 당할 수 있다. 또한 분식집의 경우 내 상호와 똑같은 상호가 이미 상표등록이 된 것을 모르고 개업할 경우 내 옆 가게에 내 상호와 똑같은 분식업체가 대형 프랜차이즈 업체를 등에 업고 밀고 들어올 수 있다.

상표 검색은 오른쪽 그림처럼 특허청에서 만든 특허정보넷 키프리스(www.kipris.or.kr)에서 간단히 검색해 볼 수 있다.

예를 들어 상표 일반 검색으로 'sealand'를 검색해 보았더니 상표만 27건이 검색된다. 이 때 등록된 상표를 클릭하여 자세히 보면 상품 분류가 있는데 기계류인지 식품류인지에 따라서 상품 분류가 다르다면 상표등록은 가능하다.

상표등록은 개인이 진행할 수도 있지만 출원서 등의 복잡한 업무가 있기에 변리사를 통해 등록 진행하는 것을 추천한다. 포털 검색창에 '상표등록'이라고 검색하면 수많은 상표등록 대행업체가 검색되는데 직접 통화 후 진행하면 어렵지 않다.

특허정보넷 키프리스　　　SEARCH　TODAY KIPRIS　PR　GUIDE　KIPRIS

특허·실용신안 │ 디자인 │ 상표 │ 심판 │ KPA ▷ │ 해외특허 │ 해외상표 │ 해외디자인 │ 인터넷기술공지 │ 아이디어공모전 │ 문장검색

☐ 한글-영어　　▼ 전체　　sealand　　🔍 펼치기　　🔍　　☐ 결과 내 재검

검색히스토리　sealand

통합검색　　＋

스마트검색 ＞　　**항목별 검색을 위해 이곳을 클릭해주세요.**　　자동스크롤 끄기 ‖

국내	↓	해외특허	↓	NDSL ❓ 바로가기 ▷	IP-NAVI 바로가기 ▷
▸ 특허·실용	17	▸ 미국	175	▸ 논문: 216	▸ 판례: -
▸ 디자인	0	▸ 유럽	52	▸ 저널: 0	▸ 분쟁: -
▸ 상표	27	▸ 일본	11	▸ 전체: 216	▸ 전체: -

⊞ 전체검색 결과: 498

특허·실용신안
디자인
상표
심판
한국특허영문초록(KPA) ▷
해외특허
해외상표
해외디자인
인터넷기술공지
아이디어 공모전
문장검색

🖶 인쇄

[특허실용] 17건 검색

[특실] 시일과 밸브를 구비한 기관내 카테테르와 다기관 조립체
(ENDOTRACHEAL CATHETER AND MANIFOLD ASSEMBLY WITH
SEALAND VALVE)　　유사특허 ⒄ 공보

IPC : A61M 16/04
출원번호 : 1020027008165
등록번호 : 1007011160000
공개번호 : 1020020064961
대리인 : 주성민 안국찬

출원인 : 발라드 메디컬 프로덕츠
출원일자 : 2000.12.20
등록일자 : 2007.03.22
공개일자 : 2002.08.10
발명자 : 크럼프체트엠, 매드센에드…　열기

[특실] 액정표시장치를 위한 가용성 시일, 가용성 시일을 사용하는 액
정표시장치 및 그 제조방법(FUSIBLE SEAL FOR LCD DEVICES,
LCD DEVICES USING FUSIBLE SEALAND METHODS FOR
MAKING SAME)　　유사특허 ⒄ 공보

IPC : G02F 1/1339
출원번호 : 1019990011626
등록번호 : 1003374010000
공개번호 : 1019990082888
대리인 : 특허법인코리아나 조영원

출원인 : 내셔널 세미콘덕터 코포레이션
출원일자 : 1999.04.02
등록일자 : 2002.05.08
공개일자 : 1999.11.25
발명자 : 매규란잔제이, 타키어헵피.　열기

[해외] PEG 및 아스코르베이트를 포함하는 조성물(COMPOSITIONS
COMPRISING PEG AND ASCORBATE)　　유사특허 ⒄ 공보

IPC : A61K 9/00 A61K 9/08 ....
출원번호 : 1020177023181
등록번호 :
공개번호 : 1020170098980
대리인 : 이원회

출원인 : 노어긴 비.브이.
출원일자 : 2013.09.10
등록일자 :
공개일자 : 2017.08.30
발명자 : 크레이튼, 루시 푝켓, 알라…　열기

통합검색 더보기 ▷　　　　　　　　　　　　　　**특허실용신안** 더보기 ▷

[디자인]

검색된 결과가 없습니다.

[상표] 27건 검색

[상표] 🅢 SEALAND　　　　　　　　　　　　　　　　　　공보

SEALAND

상품분류 : 07 11 ....
출원(국제등록)번호 : 4520120001030
등록번호 : 4500445750000

출원인 : 도메틱 스웨덴 에이비
출원(국제등록)일자 : 2012.03.02
등록일자 : 2013.04.29

▲ 회사이름을 어렵게 정하였다면 이제는 상표등록 검색을 해 보아야 한다.
　상표검색은 특허청에서 만든 특허정보넷 키프리스(www.kipris.or.kr)에서 간단히 검색해 볼 수 있다.

3. 사업자등록과 통신판매업 신고

사업 계획서와 회사 이름이 정해졌다면 이제 사업자등록을 하면 된다. 사업자등록을 한다는 의미는 국세청에 허가를 받아 납세의 의무를 지고 사업을 공식적으로 시작한다는 것이다. 이 사업자등록을 해야 한다고 하면 겁부터 내시는 분도 있다. 사업자등록 없이 사업을 해 보다가 조금 된다 싶을 때 하면 안 되냐고 질문하시는 분도 있다. 가능한 이야기이다.

그러나 네이버 스마트스토어 또는 지마켓에서 개인 판매자로 등록하여 사업자등록 없이 물건을 판매할 수는 있지만 연간 2400만원 매출 이하의 경우이다.

연간 2400만원 이하 매출은 월간으로 따지면 월 200만원 매출인 것이다. 매출이 200만원이 지 순이익이 200만원이 아닌 것이다. 만약 판매 예정 상품의 마진율이 30% 정도일 경우 매출 200만원의 30%인 60만원이 되는 것이다. 월 60만원 정도의 수입이면 만족한다고 하시는 분은 그냥 사업자등록 없이 해도 무방하다.

그러나 사업자등록이 없을 경우 소비자에게 신뢰받는 상품이나 쇼핑몰로 인정받기 쉽지 않다.

사업자등록을 신청하는 절차는 비용이 전혀 들지 않으며 사업장도 집 주소로 하면 된다. 예전에는 관할 세무서에 직접 가서 신청을 해야 했으나 지금은 컴퓨터 앞에 앉아 국세청 홈택스(www.home tax.go.kr)에 접속하여 신청하면 된다.

단, 반드시 개인용 공인인증서가 필요하다. 공인인증서는 가까운 은행, 우체국, 증권사에서 인터넷 뱅킹, 증권 거래용 인증서를 무료로 발급받을 수 있다. 단, 법인사업자등록 신청은 온라인만으로는 불가능하며 필요서류를 구비하여 관할 시청, 관할 등기소를 방문해야 한다.

개인사업자등록은 2가지로 다시 나눌 수 있다. 공급대가에 따라 간이과세자와 일반과세자로 구분되므로 자기에게 맞는 올바른 과세유형을 선택해야 한다.

▲ 사업자등록을 신청하는 절차는 비용이 전혀 들지 않으며 사업장도 집주소로 하면 된다. 예전에는 관할 세무서에 직접 가서 신청을 해야 했으나 지금은 컴퓨터앞에 앉아 국세청 홈택스(www.hometax.go.kr)에 접속하여 신청하면 된다.

▶ 신청 시 같이 제출 해야하는 서류(구비서류)

▪ **민원인이 제출해야 하는 서류**

> 통신판매업 신고
  ▪ 구매안전서비스 이용 확인증(선지급식 통신판매를 하려는 경우만 해당합니다.)

▪ **민원인이 제출하지 않아도 되는 서류(담당공무원 확인)**

> 통신판매업 신고
  ▪ 사업자등록증명
  ▪ 법인등기부등본

※ 누구나 신청발급받을 수 있는 공시성 정보 외의 담당공무원확인 사항은 본인이 행정정보공동이용에 동의하지 않는 경우 민원인이 제출하여야 합니다.

▲ 통신판매업 신고방법도 정부민원포털 민원24(www.minwon.go.kr)에서 온라인으로 가능하다.
   단, 구매안전서비스 이용확인증을 먼저 발급받고 진행하여야 한다.

간이과세자는 연간 공급대가(연간 매출) 예상액이 4,800만원 미만인 개인사업자이다. 간이과세자는 공급한 대가에 업종별 부가가치율을 적용해 곱해서 실제로는 매출세액의 0.5~3%의 낮은 세율로 적용받게 된다.

일반과세자는 매출액의 10% 부가가치세를 내야 하는 것에 비해 아주 적은 세금이 부과된다. 간이과세자의 단점은 매출처(거래처)에서 세금계산서 발행을 요구해도 발행을 할 수 없다는 것이다. 연간 매출이 4800만 원을 초과할 경우에는 반드시 일반과세자인 개인사업자등록을 신청해야 한다.

사업자등록 이후 온라인상에서 소비자와 직접 상거래가 이루어지는 사업을 할 경우, 반드시 '전자상거래 등에서의 소비자보호에 관한 법률'의 규정에 의거하여 관할 시, 군, 구청에서 '통신판매업 신고'를 해야 한다.

통신판매업 신고방법도 정부민원포털 민원24(www.minwon.go.kr)에서 온라인으로 가능하다. 단, 구매안전서비스(에스크로) 이용확인증을 반드시 먼저 발급받고 진행하여야 한다.

구매안전서비스(에스크로)란 소비자가 온라인에서 대금을 결제하고 난 이후 물건이 도착하지 않거나 불량품이 도착할 경우 결제 대금을 쇼핑몰이 일정 기간 동안 지급하지 않는 서비스인데 소비자보호를 위한 서비스로 이해하면 된다.

구매안전서비스(에스크로) 이용확인증은 네이버 스마트스토어(https://sell.smartstore.naver.com)에 사업자등록증을 가지고 판매자로 가입만 해도 즉시 발급이 가능하다.

네이버 스마트스토어 이외에도 국민은행 또는 농협은행을 방문하여 사업자용 계좌를 개설하고 구매안전서비스 이용확인증을 발급받을 수도 있다.

4. 세무대리인 선정과 절세지식

필자는 20대 초반에 사업자등록을 내고 사업을 시작하였다. 후배와 혈기 넘기는 호기로 시작하였고 세무대리인을 선정하지 않고 우리 마음대로 사업하고 부가세 신고하고 부과된 세금을 내고 진행한 일이 있다.

나중에 알고 보니 세무대리인, 즉 세무사를 통해 대리신고를 하게 되면 내야 할 세금을 상당 부분 절감할 수도 있고 복잡한 신고절차의 수고도 덜 수 있다는 사실을 알게 되었다.

창업을 하시는 분들, 특히 일반 과세나 법인사업을 하시려고 하는 분들은 반드시 세무대리인을 선정하고 진행하시기를 권해 드린다. 사업장과 가까운 세무사 사무실을 방문하시거나 세무사 사무실에 방문 요청을 하면 세무사 또는 사무장이 친절히 방문해 주신다. 물론 비용은 매월 정기적으로 발생한다.

기장료라고 보통 통칭하는데 매출이 적은 일반사업자는 월 10만원이 안되게 보통 시작한다. 월 10만 원이 무척 아깝다고 생각할 수는 있으나 1년에 2번 부가가치세 신고를 하고, 1년에 한번 종합소득세를 세무대리인을 통해 신고해 보면 그 금액이 정말 아깝지 않다고 생각될 것이다.

반드시 세무대리인을 선정해야 하는 것은 아니다. 요즘은 국세청의 전산 시스템이 놀랄 정도로 잘 되어 있어서 부가가치세 신고 정도는 자동계산되어 신고가 그리 어렵지는 않다.

문제는 일반과세자가 1년에 한번 반드시 해야 하는 개인사업자 종합소득세 신고이다. 이 종합소득세 신고를 국세청의 안내고지를 받고도 하지 않을 경우, 국세청이 산정한 종합소득세가 무자비하게 부과되며 신고를 하지 않을 경우 부기장 가산세 등의 가산세까지 부과될 수 있다.

세무대리인을 통해 종합소득세를 신고하게 되면 우리 일반인이 잘 모르는 절세의 방법을 세무사를 통해 많은 도움을 받을 수 있다.

매출 자료도 중요하지만 매입자료가 더 중요하다. 매출은 내가 상품을 판매하여 세금계산서를 발행한 금액을 이야기한다. 매입은 내가 부가가치세를 주고 구입한 상품을 이야기한다.

가장 큰 예로 주유소에 휘발유를 주유하고 받은 영수증을 보자.

여러분이 8만원의 주유비용을 카드로 계산하였다면 부가가치세로 미리 7273원을 지불한 것이다. 이것을 홈택스에 등록한 사업자 카드로 지불해야 매입 처리가 되어 부가세를 절감할 수 있다.

마찬가지로 모든 사업 관련 비용은 세금계산서 발행으로 해야 6개월에 한번 납부해야 하는 부가가치세를 줄일 수 있다.

◀ 주유영수증을 보면 부가가치세 10%가 포함되어 있다.
개인사업자의 경우 이렇게 미리낸 부가가치세를 매입자료로 처리하면 세금을 절약할 수 있다.

▲ 한국세무사회 홈페이지(www.kacpta.or.kr)에 가면 지역별로 개업세무사를 검색할 수 있다.

5. 회사 로고마크 디자인 (Corporate Identity)

회사 이름도 정하고 사업자등록증도 나왔다. 이제 근사한 창업 대표자로서의 명함이 필요하다.

명함의 가장 중요한 부분은 이름이지만 더 크게 높이 위치하는 것이 보통 회사 로고마크라고 할 수 있다. 필자는 그래픽디자인을 전공하여 로고마크 디자인 일을 지금도 수시로 의뢰받아 진행하고 있다. 디자인 회사 대표의 입장이 아닌 창업자의 입장에서 비용을 절감하는 노하우를 알려드리려고 한다.

보통 회사로고 마크를 어디에서 만들어야 하는가 하는 문제는 비용과 직결된다. 내가 직접 자료를 찾아보고 솜씨가 조금 있어 컴퓨터에 설치된 워드프로세서나 파워포인트로 로고를 만들어 명함에 인쇄하여 쓰는 경우도 있다. 그렇지 않은 경우 대부분 전문적인 디자인 대행사에 맡겨 진행을 하게 된다. 그 비용은 수십만 원에서 대기업의 경우 수십억 원까지 이른다.

회사의 대표 로고마크를 디자인하고 간판, 차량, 인쇄물, 유니폼 등 여러 가지 응용디자인까지 기업의 이미지를 통합하는 과정을 CIP(Coporate Identity Program)이라 한다. 로고마크를 디자인하는 전문가의 입장에서 로고마크를 제작 의뢰하시는 분이 정말 놀랄 정도의 저렴한 비용을 제안하실 때 회의감이 들 때도 있지만 이해가 가는 측면도 있다. 결과물이 명함, 봉투, 레터지, 간판류 등 결국 디자인 매뉴얼 몇 장이 전부같이 보이기 때문이기도 하다.

그런데, 창업하시는 분들 중에 로고마크를 직접 만들어 명함도 만들고 홈페이지도 직접 만드는 분들이 있는데 가끔 소송에 휘말리는 경우가 있다. 문제는 항상 저작권과 상표권의 무지에서 시작된다.

자신의 컴퓨터에 설치된 한글과 컴퓨터사의 한컴오피스를 이용해 로고마크를 만들었다고 하면 한컴오피스에 설치된 여러 가지 한글 서체를 이용하여 회사명 로고마크를 만들 수도 있다. 이 로고마크를 상표등록에 사용하여 특허청 키프리스에 검색이 되게 하였다고 가정하자.

이럴 경우 99% 소송에 휘말릴 수 있다. 한컴오피스의 서체는 상표 디자인에 사용할 경우 별도의 라이선스를 구입하거나 반드시 정품 소프트웨어를 구입한 상태이여야 한다.

만약 디자인 침해 관련으로 내용증명을 받았을 경우 정품 라이선스 시리얼 넘버를 통지하여야 한다. 정품을 보유하지 않고 불법 소프트웨어의 한글 폰트를 사용한 것이라면 결국 수십수백만 원의 로열티를 합의 후 지불하여야 한다.

가장 안전한 방법은 직접 로고마크를 디자인하는 방법인데 요즘은 캘리그라프를 이용하여 직접 회사 로고를 써서 그 디자인을 기반으로 로고마크를 등록하면 안전하다고 볼 수 있다.

창업에 있어서 이러한 회사 로고마크 디자인을 전문대행사에 맡기지 않고 직접 제작하고 싶은 분들을 위해 지난해 강의 중 직접 만들기를 진행을 해 보았더니 반응이 매우 좋은 편이었다.

캘리그라프를 이용한 로고마크 만들기는 Part7에서 직접 실습하기로 한다.

▲ 회사의 대표 로고마크를 디자인하고 간판, 차량, 인쇄물 등 여러가지 응용디자인까지 기업의 이미지를 통합하는 과정을 CIP(Coporate Identity Program)이라 한다. 위는 필자가 디자인 제작한 로고마크이다.

6. 온라인마케팅 플랫폼 기획

창업 준비 필수 과정 중 온라인 마케팅은 기획과 전략이 매우 중요하다.

그리고, 온라인상에서 창업자가 가장 잘 운영할 수 있는 온라인 채널을 선택하여 운영전략을 세우는 것을 온라인 마케팅 플랫폼 기획이라고 한다.

온라인 마케팅 플랫폼 기획이 중요한 이유가 있다.

애이브러험 링컨의 명언 "만일 내게 나무를 베기 위해 1시간만 주어진다면 우선 도끼날을 가는데 45분을 쓸 것이다."라는 말처럼 무딘 도끼를 들고 무작정 나무를 베려 덤벼들지 말고 차분히 날을 갈아야 한다.

이 기획의 과정이 바로 전략을 세우는 매우 중요한 과정이기 때문이다.

우리가 온라인 마케팅 플랫폼을 이야기하기 전에 현재 가장 영향력 있는 SNS 채널은 무엇이고 특성은 어떠하며 창업 관련 이야기를 알아보는 것도 플랫폼 구축에 많은 도움이 된다.

소셜미디어 서비스(Social Network Service)의 약자인 SNS란 사회적 네트워크 서비스의 약칭이고, 여기에 정류장이나 기차 정거장의 플랫폼처럼 사람이 많이 모일 수 있는 기반이라는 의미를 부여하여 플랫폼(platform)을 붙여 SNS 플랫폼이라고 통칭한다.

우리가 가장 많이 쓰고 있는 개인용 컴퓨터는 대다수인 90% 이상이 그 유명한 빌 게이츠 사단이 개발한 마이크로소프트사 윈도우즈 OS를 기반으로 운영된다. 나머지가 애플사에서 만든 Mac OS이거나 리눅스(Linux)라고 볼 수 있다. 하드웨어는 노트북이나 데스크탑 PC이지만 탑재되는 기본적인 소프트웨어인 OS(Operating System) 플랫폼은 윈도우즈 OS 또는 Mac OS인 것이다.

스마트폰도 안드로이드나 아이폰인가에 따라 OS 플랫폼도 크게 2가지로 나뉘는데, 구글이 만든 안드로이드 OS와 애플이 만든 iOS로 나뉜다.

이러한 플랫폼의 개념처럼 어떠한 SNS 채널을 어떻게 운영할 것인가 하는 플랫폼 전략이 있어야 한다. 기획이 탄탄하면 플랫폼 구축 실전에서는 보다 쉽고 빠르게 구축하고 운영할 수 있다.

창업마케팅에 있어서 나에게 맞는 온라인 마케팅 플랫폼 전략을 심도 있게 고민하여 만들어 보자.

오른쪽의 그림은 필자가 만든 중소 화장품 브랜드의 온라인 마케팅 플랫폼 전략 제안서 일부이다. 페이스북과 네이버 블로그, 유튜브 채널을 운영하고 최종 목표는 회사의 공식 사이트로 유입되도록 하는 전략으로 진행하였다.

이 소통 전략은 1차 제안 단계 샘플로 이후 제안사 실무진과의 협의를 거쳐 여러 가지 수정 과정 이후 온라인 마케팅을 진행 중에 있다.

7. 온오프라인 홍보전략

온라인 마케팅 전략까지 만들었으면 이제 마지막 일곱 번째로 온 오프라인에서 홍보를 어떻게 진행할 것인지 고민해 보아야 한다.

전단지를 제작하여 대행사에게 의뢰하여 아파트 대문에 붙이게 할 것인지, 대형 포스터를 제작하여 아르바이트생을 고용하여 심야에 붙이게 할 것인지, 명함 크기로 대량 광고지를 제작하여 상가를 돌며 출입구에 붙일 것인지 전략을 세워야 한다.

물론 비용과 기간을 정하고 어떤 결과가 있을 지도 예상해 보아야 한다.
온라인 마케팅에서 플랫폼 전략을 세울 때 내가 가장 잘 할 수 있는 SNS 채널 3개를 골라 운영하기로 결정하듯이 오프라인도 법적으로 가장 문제가 안되는 3가지 전략은 만들어야 한다.

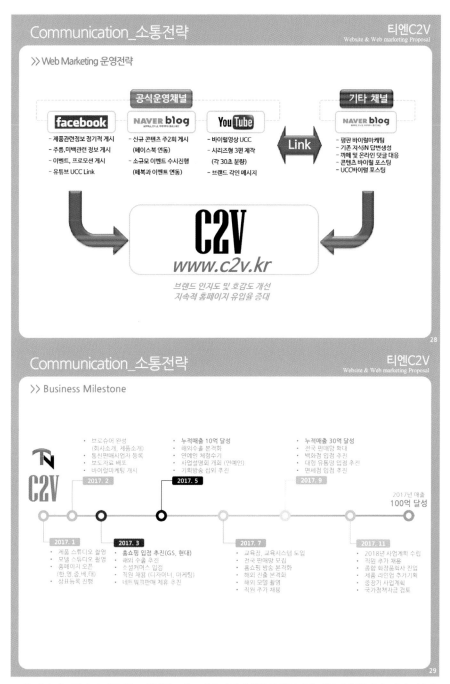

>> Web Marketing 운영전략

공식운영채널

facebook
- 제품관련정보 정기적 게시
- 주름,미백관련 정보 게시
- 이벤트, 프로모션 게시
- 유튜브 UCC Link

NAVER blog
- 신규 콘텐츠 주2회 게시
  (페이스북 연동)
- 소규모 이벤트 수시진행
  (페북과 이벤트 연동)

You Tube
- 바이럴영상 UCC
- 시리즈형 3편 제작
  (각 30초 분량)
- 브랜드 각인 메시지

기타 채널

NAVER blog
- 평판 바이럴마케팅
- 기존 지식iN 답변생성
- 까페 및 온라인 댓글 대응
- 콘텐츠 바이럴 포스팅
- UCC바이럴 포스팅

Link

C2V
www.c2v.kr

브랜드 인지도 및 호감도 개선
지속적 홈페이지 유입율 증대

>> Business Milestone

C2V

- 브로슈어 완성
  (회사소개, 제품소개)
- 통신판매사업자 등록
- 보도자료 배포
- 바이럴마케팅 개시

2017. 2

- 누적매출 10억 달성
- 해외수출 본격화
- 연예인 채정수기
- 사업설명회 개최 (연예인)
- 기획방송 섭외 추진

2017. 5

- 누적매출 30억 달성
- 전국 판매망 확대
- 백화점 입점 추진
- 대형 유통망 입점 추진
- 면세점 입점 추진

2017. 9

2017년 매출
100억 달성

2017. 1
- 제품 스튜디오 촬영
- 모델 스튜디오 촬영
- 홈페이지 오픈
  (한,영,중,베,日)
- 상표등록 진행

2017. 3
- 홈쇼핑 입점 추진(GS, 현대)
- 해외 수출 추진
- 소셜커머스 입점
- 직원 채용 (디자이너, 마케팅)
- 네트워크판매 제휴 추진

2017. 7
- 교육장, 교육시스템 도입
- 전국 판매점 모집
- 홈쇼핑 방송 본격화
- 해외 진출 본격화
- 해외 모델 촬영
- 직원 추가 채용

2017. 11
- 2018년 사업계획 수립
- 직원 추가 채용
- 종합 화장품회사 진입
- 제품 라인업 추가기획
- 중장기 사업계획
- 국가정책자금 검토

▲ 위 이미지는 필자가 만든 중소 화장품브랜드의 온라인마케팅 플랫폼전략 제안서 일부이다. 페이스북과 네이버블로그, 유튜브채널을 운영하고 최종 목표는 회사의 공식사이트로 유입되도록 하는 전략으로 진행하였다. 이 소통전략은 1차 제안단계 샘플로 이후 제안사 실무진과의 협의를 거쳐 여러가지 수정과정이후 온라인마케팅을 진행중에 있다.

전단을 관리실 허락 없이 아파트에 부착하거나, 현수막을 불법으로 업체를 통해 부착할 경우 불법 단속에 의한 벌금이 부과될 수도 있고 항의성 민원전화가 빗발칠 수도 있다. 그러나 뭐가 무서워 장을 못 담근다는 말처럼 시도하지 않고 저절로 홍보되는 손쉬운 방법은 없다.

직접 김밥 집을 오픈하였다고 가정하면 창업주인 자신이 박수도 치고 전단지도 돌리고 열심히 목청을 높여야 소비자가 겨우겨우 반응한다. 여러분이 홍보하지 않고, 노력하지 않는데 소비자가 줄을 서서 찾아오는 경우는 로또 당첨보다 더 어려운 설정이다.

여러분이 음식점을 오픈한 경우 가끔 유명 언론사를 사칭하여 방송 출연을 조건으로 거액의 돈을 요구하거나 유명 신문에 기사로 홍보를 해 주겠다고 전화가 오기도 한다. 절대로 방송사의 작가가 돈을 요구하는 경우는 없으며, 신문기자도 금전을 요구하면 해당 신문사에 제보하면 된다.

여러분이 안전하고 합법적으로 언론에 홍보하는 방법은 없을까?
2가지의 방법이 있다. 비용을 알아보고 경제신문에 광고를 하는 방법이다.
요즘 누가 신문을 사서 보나 하지만 아직도 오프라인에서 배달되는 신문을 고집하고 구독하는 소비자도 생각보다 많이 있다. 신문광고는 신문사 광고 담당자에 전화하면 지역의 담당자를 배정해 주고 상담을 거쳐 광고를 집행할 수 있다. 문제는 예상보다 비용이 만만치 않다.

두 번째 방법은 언론홍보대행사를 활용하는 방법이다.
포털사이트에 '언론홍보대행사'를 검색해 보면 많은 대행사가 등장한다.
필자가 실제 중소기업의 의뢰를 받고 진행해 본 결과 비용 대비 상당한 효과가 있다. 오른쪽 그림은 필자가 이용하는 홍보대행사 '뉴스와이어'의 홈페이지 메인 화면이다. 서비스 종류와 요금을 보면 연합뉴스 전송까지 가능한 프로페셔널 서비스도 50만 원을 넘지 않는다.

▲ 대표적인 언론홍보대행사인 뉴스와이어(www.newswire.co.kr)이다. 여러분이 직접 작성한 여러분 회사의 기사가 국내 신문사들의 기사로 채택되어 100여개 이상 기사가 배포될 수 있다.
직접적인 소비자 유입도 기대할 수 있고, 고객에게 신뢰감을 주기 위한 홈페이지상에서 언론보도자료로 활용할 수 있다.

홍보 전문가를 내부 인력으로 채용하기에 부담스러운 중소기업이나 스타트업에서는 직접 보도자료를 만들어 배포 서비스를 이용하면 된다.

여러분이 글솜씨만 조금 있다면 직접 기사성 보도자료를 작성하여 의뢰할 수 있다.

오른쪽 그림처럼 보도자료 작성법에 대한 자세한 안내가 있는데 한번 읽어 보고 직접 보도자료를 작성해 보면 충분히 가능하다.

국내외 대형 사건 등의 시기와 맞물리지만 않는다면 직접 작성한 여러분 회사의 기사가 국내 유명 신문사들의 기사로 채택되어 100여 개 이상 기사가 배포될 수 있다.

이러한 보도자료가 배포되면 직접적인 소비자 유입도 기대할 수 있고, 고객에게 신뢰감을 주기 위한 홈페이지상에서 언론 보도자료로 활용할 수 있다.

보도자료 배포 서비스

NewsWire   뉴스   서비스   교육   블로그   🔍 통합검색

| 개요 | 보도자료 쓰기 | 홍보전략보고서 | 보도자료 유형 | 홍보 교육 | 자주하는질문 |

보도자료 작성법   보도자료 양식   멀티미디어 활용   편집 가이드라인   보도자료란?   기사 작성법

보도자료 작성법

누구나 쉽게 보도자료를 쓸 수 있습니다.

보도자료(press release)는 새로운 소식이 있을 때 이를 세상에 알리고자 신문기사체로 작성한 발표문입니다. 수많은 기업, 정부, 단체가 자신이 작성한 보도자료를 기자와 대중에게 배포해 뉴스를 세상에 알리고 있습니다. 오늘날 보도자료는 홍보의 가장 중요한 수단입니다.

보도자료의 구성

보도자료를 잘 쓰는 요령

▲ 뉴스와이어(www.newswire.co.kr/?ed=4)에서 보도자료 작성법과 보도자료 양식 등에 대해 상세하게 기술하고 있다. 기사화 되는 보도자료 작성 노하우 12가지 등 다양한 자료를 이용할 수 있다.

도전하라 온라인 실전창업

Part 2 온라인마케팅 개요

SNS채널 이야기

앞 장의 개요에서 창업에 꼭 필요한 7가지와 사업 계획서까지 잘 준비되었다면 이제는 온라인 마케팅에 대하여 먼저 공부한 다음에 실전 온라인 채널 구축에 들어가기로 하자.

스마트폰의 대중화로 이미 우리 생활의 일부가 되어버린 SNS 서비스는 너무나 다양해지고 기능도 계속적으로 늘어나고 있다. 우리가 SNS 채널을 구축하기 전에 현재 가장 영향력 있는 SNS 채널은 무엇이고 특성은 어떠하며 창업 관련 이야기를 알아보는 것도 SNS 채널 구축에 많은 도움이 된다.

SNS 채널의 폭발적인 성장은 2000년 이후로, 우리나라의 경우 대표적인 싸이월드(Cyworld)가 등장하고, 미국을 중심으로 2002년 프렌드스터(Friendster), 2003년 마이스페이스(MySpace)와 링크드 인(LinkedIn) 등이 등장하였고, 2004년 서비스를 개시한 페이스북(Facebook)은 세계에서 가장 거대한 SNS로 성장, SNS의 가장 대표적인 서비스로 자리매김하였다.

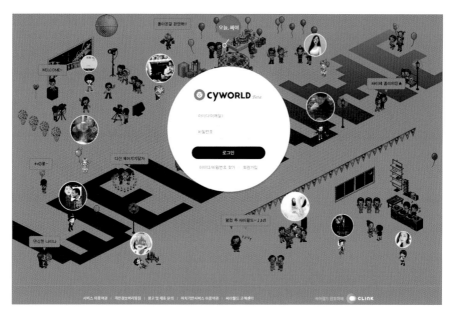

▲ 2000년대 초반 일촌과 도토리로 전국을 주름잡았던 싸이월드, SNS채널의 원조이자 조상이다. 그러나 일촌 중심의 단편적인 운영과 수익모델의 미완성으로 페이스북에게 아이디어만 제공하고 쓸쓸히 뒤로 물러나 있다. 아직 싸이월드는 사라지지 않았다.

▲ 페이스북의 초창기 모습이다. 페이스북의 원래 이름은 더페이스북이었다. 더페이스북의 로고마크는 영화배우 알파치노 얼굴이었다.

페이스북의 창업이야기는 2010년에 개봉한 영화 '소셜 네트워크 (The Social Network)'를 통해 볼 수 있는데 실제로도 영화 같은 이야기로 하버드대학을 중퇴하고 페이스북을 창업한 마크 주커버그는 1984년생으로, 미국 매체 블룸버그통신 2018년 7월 발표 자료에 의하면 816억 달러이다.

우리 돈으로 96조 원에 해당하는 돈이다. 마크 주커버그는 창업 후 14년 만에 96조 원의 자산을 가진 기업의 수장이 된 것이다.

개인적으로는 필자도 이 영화를 보고 난 후, 뛰는 가슴을 주체하지 못해 11년을 근무하던 회사에 무모(?) 하게 사표를 던지고 새로운 인생을 시작한 계기가 되었던 영화이다.

네이버 블로그와 페이스북 페이지, 인스타그램은 그 태생도 전혀 다르며, 글쓰기의 톤도 다르고 방문자의 성향도 전혀 다르다.

우선 네이버 블로그의 특성을 살펴보자. 네이버는 우선 포털사이트의 특성상 로그인을 하지 않아도 검색이 가능하며 블로그를 살펴볼 수 있다. 모바일의 경우 검색한 이의 위치를 기반으로 날씨와 주변 정보 등이 제공되며 이는 모바일 기기 위치 접근 허용을 동의한 경우에 해당한다. 로그인을 하지 않아도 충분한 정보를 검색하고 얻을 수 있기에 네이버 블로그는 방문자의 정확한 정보를 알 수가 없다. 따라서 방문자는 감성적 이야기보다는 확실한 정보를 원한다고 볼 수 있다.

페이스북은 조금 다르다. 페이스북은 무조건 로그인을 해야만 서비스를 이용할 수 있다. 컴퓨터에서나 스마트폰에서 페이스북은 로그인한 이용자의 정보를 기반으로 친구들의 이야기를 보여 주고, 로그인 위치에 따라 광고 또한 로그인한 정보를 기반으로 제공된다.페이스북은 로그인 기반의 서비스이므로 정확한 정보보다는 감성적인 이야기에 더 민감하다.

인스타그램은 네이버 블로그, 페이스북과는 상당 부분이 다르다.
인스타그램은 페이스북의 자회사가 되었다. 페이스북과 인스타그램은 동시에

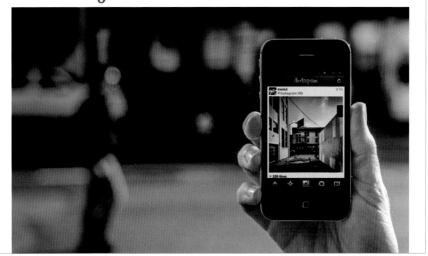

▲ 인스타그램의 초창기 모습이다. 인스타그램은 인스턴트 텔레그램(Instant + Telegram)의 의미이다. 인스타그램은 창업자 케빈 시스트롬(Kevin Systrom)을 포함한 3명으로 시작하여 2년만에 약 10억 달러 (약 1.1조원)에 페이스북으로 인수합병 되었다.

같은 이야기와 그림으로 동시 포스팅이 가능하다. 인스타그램이 인기 있는 이유는 사용자의 사진을 기반으로 쉬운 포스팅이 가능하다는 것이다.

네이버 블로그에도 포스팅할 때 스마트폰에서도 간단히 가능하지만 네이버 블로그를 인스타그램처럼 사진 몇 장과 간단한 내용, 해시태그를 붙인다면 방문자의 무관심을 받을 수도 있다.

또한 인스타그램은 현재 PC에서는 포스팅이 불가능하다. 오직 모바일 기기에서만 글과 사진을 올릴 수 있다. 인스타그램은 이처럼 스마트폰만 있다면 침대에 누워서도 간단하게 나의 일상이나 주변 이야기를 간단하고 편리하게 찍어서 올릴 수 있다.

인스타그램에 네이버 블로그에 글을 쓰듯 장문의 이야기와 사진을 올린다면 그 그 결과는 독자의 상상에 맡긴다.

인스타그램은 해시태그(#)를 이용한 관심 기반 SNS라고 부른다. 그럼 해시태그(#)란 무엇일까?

> '해시태그(hashtag)는 소셜 네트워크 서비스(SNS) 등에서 사용되는 기호로, 해시 기호(#) 뒤에 특정 단어를 쓰면 그 단어에 대한 글을 모아 분류해서 볼 수 있다. 소셜 네트워크 서비스나 마이크로블로그 서비스에서 관련된 내용물을 묶어주는 역할을 하는 메타데이터이다. 2007년 트위터에서 수많은 정보들이 흩어지는 것을 안타깝게 여긴 사용자 '크리스 메시나(Chris Messena)'가 트위터 측에 "#을 써서 정보를 묶는 것을 어떻게 생각하냐"고 물었고 이를 트위터측이 받아들이면서 해시태그가 시작되었다. [인용 : 위키백과]

인스타그램은 네이버와 페이스북에 비하여 철저하게 감성 위주의 사진 또는 이야기이어야 한다. 네이버 블로그처럼 검색자에게 정보를 제공하거나, 페이스북처럼 휴먼네트워킹이 목적이 아니다.

인스타그램에서 인기 있는 해시태그는 '#먹스타그램', '#셀스타그램', '#럽스타그램'등이다. #먹스타그램은 자신이 갔던 맛집 또는 셀카로 먹는 모습, 맛있는 음식 사진 등이 검색된다.

#셀스타그램은 말 그대로 셀카 사진이 주를 이룬다. 왜 나의 셀카 사진을 인스타그램에 올리는지 나이가 지긋한 독자는 이해가 안 될 수 있지만 셀카는 요즘 젊은 이들의 트렌드라고 볼 수 있다.

#럽스타그램은 인기 있는 방송 스타들의 실시간 일상을 팔로우하여 손쉽게 볼 수 있다. 이 밖에도 트위터, 카카오톡, 카카오스토리, 텔레그램, 핀터레스트 등 다양한 SNS 채널이 생겨났다가 금방 사라지기도 한다.

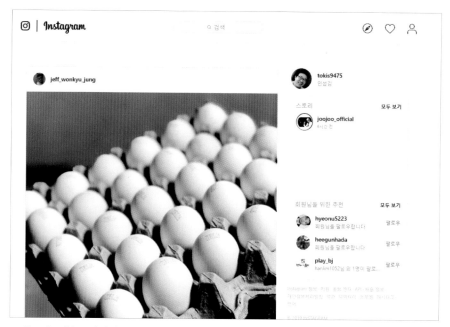

▲ 인스타그램은 모바일전용 SNS채널이다. 간단하게 사진을 찍어 자신의 일상을 공유하고 관심사가 같은 사람들끼리 소통하는 단순한 운영철학이 바로 성공의 배경이다. 복잡한 기능도 많고 배울 것도 천지인 페이스북을 보다 인스타그램을 보면 시원한 느낌으로 다가온다.

SNS채널 통계에 대하여

SNS 채널을 이용한 온라인 마케팅을 전개할 경우, 정확한 SNS 사용자 통계가 반드시 필요하다. 어떤 SNS 채널이 어떤 정도의 일일 방문자와 연령 사용자층 그리고 어느 정도의 영향력을 가지고 있는지 말이다.

이러한 객관적인 통계자료를 가지고 국내 사용자만을 대상으로 할 것인지, 글로벌마켓의 전 세계를 대상으로 마케팅 전개가 필요한 것인지 먼저 판단해야 한다.

대부분의 SNS 서비스는 주요 수익모델인 광고를 유치하기 위하여 홈페이지를 통하여 최근 사용자 방문 추이를 월간 단위로 발표하고 있다.

세계적인 SNS 통계 사이트인 소셜베이커스닷컴(www.socialbakers.com)에서는 페이스북, 트위터, 유튜브의 통계자료를 최신 데이터로 볼 수 있다.

소셜베이커스닷컴의 최근 페이스북 통계자료를 보면, 약 12억 8천만 명이 하루에 한 번 이상 페이스북을 방문하며, 한 달에 한 번 이상 방문자는 19억 4천만 명, 그중 92%가 모바일을 통해 방문한다고 한다.

또한 활성 사용자의 약 85 %는 미국 이외의 지역이다.

유튜브 통계를 보면 우리나라에 가장 구독자 수가 많은 채널은 토이 푸딩으로 2,160만 명이나 된다. 토이 푸딩의 Total View 숫자는 13,169,209,923이다.

놀라운 숫자가 아닐 수 없다.

이러한 통계자료 사이트를 참고로 여러 가지 마케팅전략을 구상할 수도 있다.그렇다면 글로벌 마켓을 대상으로 온라인 마케팅을 펼쳐야 한다면 무조건 페이스북이 80%이니 정답이고, 국내에서도 페이스북 마케팅만이 가장 효과적이라고 할 수 있을까?

그렇지 않다. 각 나라별로 선호하는 SNS는 국가정책과 국민 정서에 따라 다르게 나타나며 페이스북의 경우 창업자인 마크 주커버그의 부인이 중국인임에도 불구하고 13억 명의 인구를 자랑하는 중국에서는 페이스북이 접속되지 않는다. 또한 러시아의 경우는 '브콘탁테'라는 자국의 SNS가 70% 이상 차지한다.

우리나라의 대표적인 토종 SNS인 카카오톡은 2018년 5월 기준 순사용자가 3528만 명, 모바일 메신저 점유율은 무려 94.4%이다. 100명 중 94명은 스마트폰 메신저로 카카오톡을 사용하며, 나머지 5~6명만이 페이스북 메신저, 네이버 라인, 텔레그램 순이라고 한다.

창업을 하고 온라인 마케팅을 전개해야 한다면 기본적인 통계를 볼 수 있어야 시대 흐름을 읽을 수 있다.

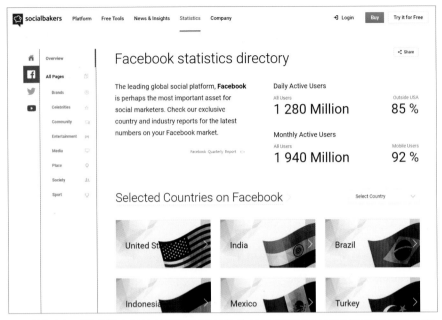

▲ 소셜베이커스닷컴의 최근 페이스북 통계자료를 보면, 약 12억 8천만명이 하루에 한번 이상 페이스북을 방문하며, 한 달에 한번 이상 방문자는 19억 4천만명, 그 중 92%가 모바일을 통해 방문한다고 한다. 또한 활성 사용자의 약 85 %는 미국 이외의 지역이다.

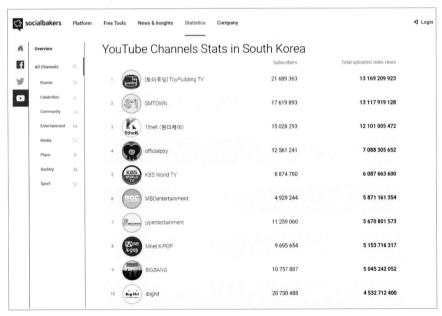

▲ 유튜브 통계를 보면 우리나라에게 가장 구독자수가 많은 채널은 토이 푸딩으로 2160만명이나 된다. 토이 푸딩의 Total View숫자는 13,169,209,923이다. 놀라운 숫자가 아닐 수 없다.

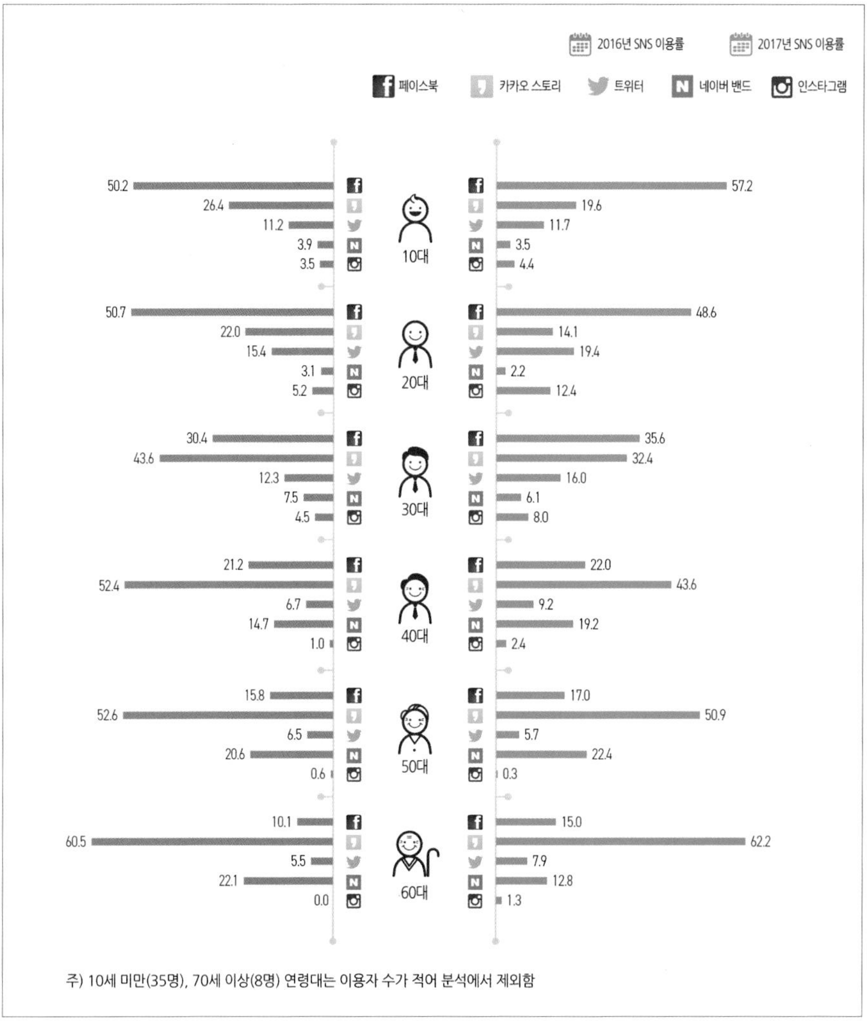
2016년 SNS 이용률
2017년 SNS 이용률
페이스북
카카오 스토리
트위터
네이버 밴드
인스타그램
10대
50.2
26.4
11.2
3.9
3.5
57.2
19.6
11.7
3.5
4.4
20대
50.7
22.0
15.4
3.1
5.2
48.6
14.1
19.4
2.2
12.4
30대
30.4
43.6
12.3
7.5
4.5
35.6
32.4
16.0
6.1
8.0
40대
21.2
52.4
6.7
14.7
1.0
22.0
43.6
9.2
19.2
2.4
50대
15.8
52.6
6.5
20.6
0.6
17.0
50.9
5.7
22.4
0.3
60대
10.1
60.5
5.5
22.1
0.0
15.0
62.2
7.9
12.8
1.3
주) 10세 미만(35명), 70세 이상(8명) 연령대는 이용자 수가 적어 분석에서 제외함

▲ 위 통계자료 이미지는 2018년 6월 발표된 정보통신정책연구원의 SNS(소셜네트워크서비스) 이용추이 및 이용행태 자료이다. SNS 주 이용세대인 20대의 페이스북 이용률이 여전히 높고, 인스타그램 이용률이 12.4%로 전년 대비 크게 상승하면서 20대가 인스타그램 이용 확산을 주도하고 있는 것으로 보인다. [출처 : 정보통신정책연구원]

온라인마케팅의 목표

엄청난 포부와 각오로 새로운 비즈니스 모델로 창업하거나 온라인 마케팅이 필요한 회사에 취업을 해야 할 경우, 온라인 마케팅의 목표는 무엇일까?

새로 출시한 브랜드의 인지도를 올리는 브랜드 마케팅과 직접적인 매출로 연계하여 직접적인 매출 증대가 목표라면 온라인 마케팅의 접근 방법과 전략도 달라야 한다.

인지도가 전혀 없는 브랜드를 끊임없는 물량공세로 브랜드 마케팅을 진행하고자 한다면 온라인 마케팅보다는 다른 마케팅의 방법이 더 효율적일 수도 있다.온라인 마케팅은 오프라인 마케팅에 비하여 적은 비용이 들고, 단기간에도 승부를 낼수 있다고 생각할 수 있지만 현실은 조금 다르다.

일반적인 마케팅의 이론에서 고객이 제품을 인지하고 관심을 가지고 구매를 하는 프로세스와 SNS 채널을 통한 구매 프로세스는 확연한 차이를 보인다.

미국의 Samuel Roland Hall이 주창한 전통적인 마케팅 이론인 AIDMA 법칙은 소비자가 광고를 접한 후 구매하기까지의 과정을 5단계로 정리한 것으로, 이는 100년 가까이 지속되었다.

소비자는 먼저 광고 또는 상품에 주의(Attention)를 기울이고, 흥미(Interest)를 가진다. 이는 상품을 사고 싶다는 욕망(Desire)과 기억(Memory)로 이어지고 소비 행위(Action)로 끝을 맺게 된다.

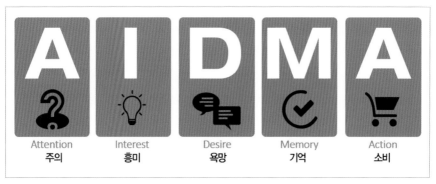

▲ 전통적 마케팅이론인 AIDMA법칙

위의 전통적 마케팅 방식(AIDMA)으로 새로 창업하는 김밥 집을 홍보하려면 먼저 전단지를 직접 배포하던지 손을 흔드는 대형 풍선인형을 매장 입구에 설치하여 소비자의 주의를 끌고, 김밥을 무조건 1000원에 드린다는 매력적인 문구로 흥미를 끈 다음, 정확히 오늘만 세일한다는 메시지로 사야 한다는 욕망을 일으키고 난 후, 위치를 인지시키고 구매를 하게 하는 전통적인 5단계 이론을 따라야 한다.

그러나 세계적인 광고대행사인 덴츠의 최근 발표에 의하면 온 오프라인에서 마케팅을 전개할 앞으로의 광고는 공감(Sympathize)을 중시하는 방향으로 변화할 것이라고 한다. 또한 구매 행동을 넓게는 기업 활동에 참가(Participate) 한다고 생각하며, 정보를 전파하는 방식의 변화를 확산(Spread)으로 생각하는 게 특징이라고 할 수 있다.

위의 김밥 집 홍보 방식은 그렇다면 이렇게 바꾸어야 한다. 주변에 새로운 김밥 집이 오픈하는데 무농약 유기농 재료만 사용하고 짜지 않다고 하는 인스타그램을 통한 온라인 마케팅을 전개하고 소비자는 1차적인 공감 이후 인스타그램의 리뷰를 보고 확인을 한 후, 직접 구매하러 찾아가게 된다. 이후 정말 건강하고 맛있는 김밥이라고 판단되어 공유하고 확산을 시키게 된다는 이론이다.

이제 온라인 마케팅의 목표는 잠재적 소비자들의 공감을 끌어내는 마케팅이 선행되어야 한다. 공감이 먼저 되어야 공유가 일어나고 입소문 마케팅이 일어난다.

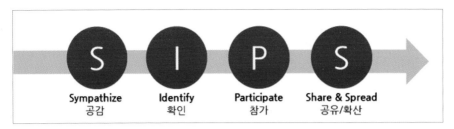

▲ 세계적인 광고대행사인 덴츠의 최근 발표에 의하면 온오프라인에서 마케팅을 전개할 앞으로의 광고는 공감(Sympathize)을 중시하는 방향으로 변화할 것이라고 한다. 또한 구매 행동을 넓게는 기업 활동에 참가(Participate)한다고 생각하며, 정보를 전파하는 방식의 변화를 확산(Spread)으로 생각하는 게 특징이라고 할 수 있다.

온라인마케팅 전략이론

앞장에서 우리는 온라인 마케팅의 목표를 설정하는 이유를 알았다면 이제는 어떠한 방법으로 마케팅 전략을 진행할지에 대한 구체적인 분석이 있어야 한다.

1960년 미국의 E. 제롬 맥카시 교수는 일반적인 마케팅 전략 이론인 4P Mix (Product, Price, Promotion, Place)를 발표하였다. 회사는 그들의 타깃 고객층을 만족시키기 위해서 제품(Product), 가격(Pricing), 장소(Place), 촉진(Promotion)의 크게 4가지로 나뉘는 마케팅 전략을 적절하게 섞어서 사용한다고 주장하였다.

온라인 마케팅을 기획할 때 위의 4P Mix를 사용하여 기획서를 만들기도 한다.어떠한 제품(Product)을 마케팅하고 팔 것인가? 가격 전략(Pricing)은 저가 전략인가 고가의 프리미엄 전략인가, 어떤 온라인 채널(Place)을 이용하여 홍보 마케팅을 진행할 것인가? 어떠한 방법(Promotion)으로 소비자를 참여시킬 것인가?

그러나 50년이 넘은 4P Mix 이론은 철저하게 판매자의 시점이라고 할 수 있으며, 지금의 급변하는 4차 산업혁명 시점에서 온라인 마케팅에서 적용하기에는 무리가 있다고 볼 수 있다.

▲ 수많은 회사들은 그들의 타깃 고객층을 만족시키기 위해서 제품(Product), 가격(Pricing), 장소(Place), 촉진(Promotion)의 크게 4가지로 나뉘는 마케팅 전략을 적절하게 섞어서 사용한다. 여전히 온라인마케팅을 기획할 때 위의 4P Mix를 사용하여 기획서를 만들기도 한다.

이후 로버트 로터본에 의해 1993년에 발표된 구매자 측 시점에 의한 「4C」 분류 방법 Consumer(소비자의 요구), Customer cost(소비자 가격), Convenience(유통의 편리성), Communication(의사소통) 또한 훌륭한 이론임에는 틀림없다.

일반적으로 비즈니스 모델을 만들 때 4P 또는 SWOT 분석을 통해 분석한다. 나의 비즈니스 모델에 대입해 보고 심도 있는 분석을 해 보면 상당한 도움이 된다.

SWOT분석은 강점(Strength), 약점(Weakness), 기회(Opportunity), 위협(Threat)의 머리 글자를 모아 만든 단어로 비즈니스 마케팅 전략을 수립하기 위한 분석 도구이다. 자신의 사업 아이템이며 비즈니스 모델의 강점과 약점을 분석하고 기회와 위협요인을 분석해 본다면 사업 진행에 많은 도움이 될 수 있다.

포털 검색창에 'SWOT 분석 사례'로 검색해 보면 다양한 사업 아이템의 분석 자료를 보고 배울 수 있다. 머리가 조금 아프지만 자신의 비즈니스 모델의 4P, SWOT 분석을 진행하고 보완한다면 좋은 결과로 이어질 수 있다.

필자는 실제 수많은 클라이언트(광고주)들에게 디자인과 마케팅 의뢰를 받고 고민한 결과. 새로운 4C 모델을 만들어 사용하고 있는데 간결하고 주목성이 있어 추천하고자 한다.

먼저 Company(자사분석)을 통해 현실을 직시하고, Competitor (시장분석)을 통해 경쟁자들의 전략과 목표를 분석하며, Consumer (소비자분석)를 이해하며, 최종적으로 Communication (소통 전략 제안)을 하고 있다.

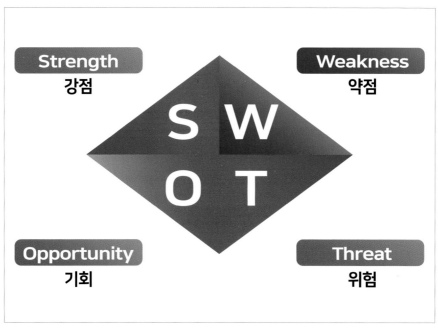

▲ SWOT분석은 강점(Strength), 약점(Weakness), 기회(Opportunity), 위협(Threat)의 머리글자를 모아 만든 단어로 비즈니스 마케팅 전략을 수립하기 위한 분석 도구이다.

소셜미디어 소통전략

소셜네트워크 서비스의 시작은 일상의 사소한 이야기나 무겁지 않은 이야기를 많은 사람들과 소통하기 위해 탄생하였다.

소셜미디어는 1인 미디어로 나날이 발전하고 있고 이제 홍보나 마케팅채널로 여기는 것이 어색하지 않게 느껴지는 게 현실이다.

다양한 소셜미디어의 등장으로 채널별 홍보나 마케팅을 펼칠 경우 각 채널별로 접근 방법은 달라야 한다. 홍보마케팅을 하더라도 홍보 같지 않고 상품을 팔고자 하더라도 고도의 다른 접근 방법이 필요한 것이다.

여러 가지 소셜미디어는 4가지 형태로 분류할 수 있다.

첫 번째는 텍스트 기반의 소셜미디어이다.
대표적으로 트위터, 카카오톡, 텔레그램 등이 있다. 텍스트 기반 채널의 특성상 이미지와 영상이 아닌 감성적인 글 솜씨와 명확하고 예의를 갖춘 글솜씨를 지속적으로 학습하여 진행하여야 한다.

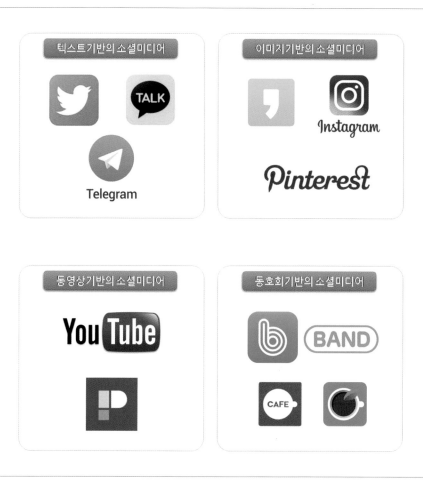

▲ SNS 여러가지 소셜미디어는 텍스트기반, 이미지기반, 동영상기반, 동호회 기반 등의 4가지 형태로 분류할 수 있다. 각각의 채널 특성에 따라 글쓰기와 이미지전략이 섬세하게 필요하다. 가장 중요한 것은 화려한 마케팅전략보다 소통의 진정성이다.

두 번째는 이미지 기반의 소셜미디어이다.

대표적으로 카카오스토리, 인스타그램, 핀터레스트 등이 있다. 최근 인스타그램이 선풍적인 인기를 끌고 있는 이유는 이미지만 공유하는 행위만으로 쉽게 소통하고 공감할 수 있기 때문입니다. 이미지 하나를 올리더라도 정성스럽고 기분 좋은 이미지 전략이 필요하다고 볼 수 있다.

세 번째는 동영상 기반의 소셜미디어이다.

대표적으로 유튜브와 폴라, 최근 등장한 인스타그램 IGTV가 있다.

동영상 마케팅의 경우 아직은 데이터 요금제의 부담이 있기에 길지 않고 임팩트 있는 바이럴 영상이 필요하다. 영상을 보는 것만으로 학습이 되고 감동이 있는 유익하고 재미있는 영상 채널이 인기를 끌고 있다.

네 번째는 조금은 폐쇄적인 동호회 기반의 소셜미디어이다.

네이버 밴드, 네이버 카페, 다음 카페 등이 있다. 이러한 소셜미디어의 특성상 서서히 진실되고 성실하게 자신의 이미지를 만들어 가는 작업이 선행되어야 한다.

동호회 활동이 아닌 다른 목적이 있어 보이는 회원은 쉽게 파악이 되며, 운영자의 작은 실수나 신선한 이벤트가 지속되지 않을 시 열정이 금방 식어버리는 동호회가 많다.

온라인마케팅과 SNS

일반적으로 온라인 마케팅을 SNS마케팅과 같은 의미로 사용하지만 온라인 마케팅은 SNS마케팅보다 더 광범위한 의미를 가진다.

온라인 마케팅 분야에는 새로운 온라인 매체의 등장과 IT 기술의 발전에 맞추어 검색 마케팅, 키워드 광고, 바이럴 마케팅, 언론홍보마케팅, 검색엔진 최적화(SEO) 등 더욱 다양하고 복잡한 마케팅 기법이 등장하고 있다.

먼저 검색 마케팅이라 함은 주로 포털사이트에서 사용되며 포털 방문자들의 검색 빅데이터를 활용하여 비즈니스와 연결하는 기법이며 브랜드나 홈페이지로의 유입을 자연스럽게 노출시키는 마케팅 기법이다.

키워드 광고는 검색 마케팅과 연결하여 네이버의 파워링크, 브랜드 페이지와 구글의 관심 기반 타깃팅 광고 등 클릭당, 노출당 광고단가를 경쟁으로 집행하고 진행하는 기법이다.

바이럴 마케팅은 입에서 입으로 전해지는 구전마케팅을 말하며 자발적으로 제품을 널리 퍼트린다는 의미로 입소문 마케팅이라고도 한다. 재미있는 동영상이나 카툰, 파워 블로거를 동원한 여러 기법이 있다. 최근에는 유튜브를 기반으로 한 입소문 마케팅이 대다수를 이룬다.

블로그마케팅은 브랜드의 공식적인 블로그를 운영하며 정기적으로 블로그를 통한 정보를 생산하며 홈페이지의 딱딱한 내용을 부드럽게 풀어 고객과 친근하게 소통하는 채널로 사용된다.

언론홍보마케팅은 전체 언론보다는 인터넷 기반 신문사를 통해 노출되는 기사를 통한 홍보전략으로 비교적 적은 비용으로 언론홍보대행사를 이용하여 적극적으로 활용하면 홍보팀이 없이도 언론을 유용하게 활용할 수 있다.

검색엔진 최적화(SEO)는 포털사이트의 검색로봇들이 자사의 홈페이지 웹페이지 내에 있는 내부 링크나 외부 링크를 타고 계속하여 이동하면서 내가 노출시키고 싶은 페이지가 검색되도록 페이지를 최적화하는 기법이다.

이외에도 지식인이나 빅데이터를 활용한 평판 마케팅, OtoO 마케팅 등 다양한 기법과 용어들이 수시로 등장하고 있다.

최근에는 가정과 직장의 모든 전자제품들이 거대한 무선인터넷망으로 연결되어 IoT라 불리는 사물인터넷 마케팅 기법들이 등장하고 있다.

이렇게 급변하는 온라인 마케팅의 종류와 트렌드를 모두 섭렵하고 갈 수는 없지만 여러 가지 마케팅전략 중에서 가장 가성비가 좋다 할 수 있는 온라인 마케팅의 기본은 알고 가야 시행착오를 줄일 수 있다.

▲ 온라인마케팅을 SNS마케팅과 비슷한 의미로 사용하지만 온라인마케팅은 SNS마케팅보다 더 광범위한 의미를 가진다. 온라인마케팅 분야에는 새로운 온라인매체의 등장과 IT기술의 발전에 맞추어 검색마케팅, 키워드광고, 바이럴 마케팅, 언론홍보마케팅, 검색엔진최적화(SEO) 등 더욱 다양하고 복잡한 마케팅기법이 등장하고 있다.

온라인채널의 새로운 변화

　　2000년대 초 일촌과 도토리를 앞세워 대한민국을 휩쓸었던 싸이월드가 이제는 그 흔적만 겨우 찾아볼 수 있다. 2006년 어떤 일이 일어나고 있는지 단문 메시지를 실시간으로 소통하는 지저귀는 새들의 소리, 트위터도 앞날이 많이 어두워지고 있다.

　　커다란 렌즈가 달린 DSRL 카메라를 짊어 메고 각광받던 직업이던 파워블로거는 이제 Vlog로 전향하여 유튜브로 대거 이동하고 있다.

　　SNS 채널의 시조새와도 같은 싸이월드와 트위터, 그리고 이 시간에도 수많은 소셜네트워크 미디어가 새롭게 생겨나고 없어지고 있다.

　　스마트폰의 진화에 따라 콘텐츠 소비자의 소비 형태도 금방금방 바뀐다.

　　최근 인스타그램이 다른 채널에 비해 사용자가 증가하는 이유는 사진 몇 장과 태그 몇 글자만으로 빠르게 온라인 소통이 가능하다는 이유이다.

　　카드 뉴스라는 새로운 콘텐츠가 각 언론사마다 경쟁적으로 제작하여 배포하는 이유는 엄지손가락만으로 편하게 정보를 접하고 싶은 소비자의 흐름인 것이다.

▲ 왼쪽 네이버의 스마트렌즈는 스마트폰 이미지 검색 서비스로 사진을 찍으면 사물이 동물인지 식물인지 어떤 와인인지 알려준다. 오른쪽의 다음 꽃검색은 카메라에 찍힌 꽃을 정확히 알려주는 서비스이다.

이제는 이 엄지손가락을 움직이는 것조차 귀찮아져 목소리를 인식하여 약속을 저장해주는 스마트폰, 목소리로 검색이 가능한 검색 포털과 스마트 TV가 대세로 자리 잡고 있다. 길을 가다 우연히 발견한 이름 모를 들풀의 학명이 궁금하다면 폰으로 촬영하여 자동으로 검색해주는 인공지능 스마트 검색을 활용하면 된다.

적지 않은 돈을 주고 구입해서 쓰던 프레젠테이션, 스프레드시트 프로그램과 동영상 제작 프로그램이 무료로 사용할 수 있게 되면서 수년간 피땀을 흘렸던 벤처기업은 하루아침에 실업자가 되기도 한다.

소셜미디어 마케팅을 한다는 것은 새로운 SNS 채널의 등장과 트렌드를 항상 잘 이해하고 파악하고 있어야 한다. 이 가슴 뛰는 변화를 즐거워해야 한다.

창업을 함에 있어서 온라인의 비중이 이렇게 다루는 이유는 오프라인 마케팅에 비하여 비용과 시간을 절약하고 효율도 훨씬 뛰어나기 때문이다.

그러나 절대적인 명언, 부지런함을 이기는 마케팅은 없다.

Part 3 실전 온라인채널 구축

구글 무료 웹어플리케이션

앞 장까지 긴 시간을 개념 설명과 이론 부분을 공부하였다면 이제는 정말 실전으로 들어가야 한다. 먼저 구글이 제공하는 유용한 무료 웹 애플리케이션을 설치하고 사용해 보자.

구글의 웹브라우저인 구글 크롬의 장점은 구글이 무료로 개발하는 다양한 웹 애플리케이션을 스마트폰과 동기화하여 사용해 볼 수 있다는 점이다.

필자는 수년 전부터 스마트폰과 구글 크롬을 동기화하여 사용하고 있는데 가장 유용하게 잘 사용하고 있는 것은 바로 'Google 포토'이다.

전국으로 온 가족 여행을 많이 다니는 편인데 수많은 추억을 스마트폰으로 영상이든 사진이든 찍어 놓기만 하면 자동으로 구글 서버에 모든 것이 저장된다.

Google 포토를 이용하면 가족사진뿐만 아니라 중요 문서의 백업, 동영상 백업도 너무 쉽게 이루어진다. 또 하나 Google 포토의 놀라운 기능은 내가 찍은 모든 사진과 동영상에서 각각 얼굴을 인식하여 앨범에서 인물별로 자동 분류해 주는 기능이다. 필자의 아이들이 너무 좋아하는 기능이다.

▲ Google 포토 활용하기 - 스마트폰에서 사진 또는 영상을 찍기만 해도 와이파이 환경에서 자동으로 백업이 된다

▲ Google의 모든 제품 보기. 다양한 분야의 새로운 제품이 지속적으로 업데이트 되고 있다.

이 무료 웹 애플리케이션 중에서 창업에 가장 도움 되는 제품은 바로 구글 스프레드시트이다. 구글 스프레드시트는 마이크로소프트사의 엑셀을 대체할 수 있는 제품으로 언제 어디서는 무료로 사용 가능하며 스마트폰에서도 편리하게 사용 가능하다.

구글 스프레드시트로 회사 내 팀원끼리 주간업무계획을 공유하거나 견적서, 거래명세서 등을 만들어서 사용할 수 있다. 오른쪽에 있는 그림이 주간업무계획을 공유하여 팀원 모두가 실시간으로 작성하고 공유한 화면이다. 구글 스프레드시트로 주간업무 계획표의 빈 양식을 만든 후 오른쪽 상단의 공유 버튼을 클릭하면 링크를 생성하여 공유한 이들끼리만 실시간 공동 작성이 가능하다.

이러한 기능을 잘 활용하면 매번 같은 양식을 취합하여 다시 양식을 만드는 수고를 줄일 수 있다.

또한 구글 스프레드시트를 이용하면 언제 어디서든 견적서와 거래명세서를 만들어 쓸 수 있는데 이는 노트북이 없이도 스마트폰으로도 견적서 작성 및 발송이 가능하다. 구글 스프레드시트를 이용하여 실제 견적서 만드는 과정은 Part 7 견적서 만들기에서 다시 한번 자세하게 다루기로 한다.

Google 캘린더는 자신의 일정을 모두 기록하여 스마트폰과 연동하여 사용하면 중요한 기념일이나 업무 일정을 놓치지 않고 관리할 수 있다.

또한 오른쪽 그림 예시처럼 회사의 무료교육일정 등을 Google 캘린더로 생성하여 홈페이지에 공유하여 이용할 수도 있다.

구글 캘린더를 생성한 후 캘린더 설정에서 캘린더 통합으로 가면 캘린더의 고유한 URL을 복사하여 다양하게 공유하여 사용할 수 있다.

이 밖에도 별도의 USB가 필요 없는 웹 저장 도구인 클라우드 서비스 구글 드라이브는 15G를 무료로 제공한다. 클라우드 서비스를 잘 활용하면 인터넷뱅킹을 이용하기 위한 공인인증서도 매번 USB에 담아 다닐 필요가 없다.

가끔씩 구글이 선보이는 새로운 제품들을 하나씩 테스트해보면 정말 놀라운 무료 웹 애플리케이션이 있는데 이러한 것들을 테스트해 보는 재미 또한 상당하다.

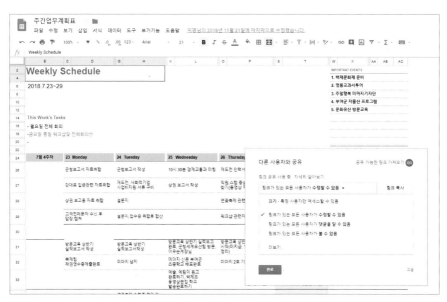

▲ Google 스프레드시트 활용하기 - 주간업무 계획을 팀원끼리 함께 작성하고 공유할 수 있다.

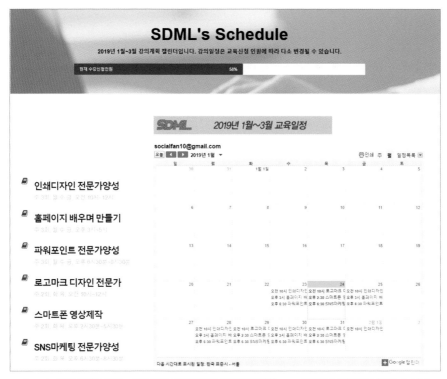

▲ Google 캘린더 활용하기 - 회사 무료 교육일정을 홈페이지에 iframe 코드로 불러들여 사용할 수 있다.

무료 소스 어플리케이션

창업을 하는 과정에서 잘 찾아보면 여러 가지 비용을 아낄 수 있는 무료 애플리케이션이 많이 있다. 먼저 Part1 개요에서 사업 계획서를 작성하기 위해 정품 유료 파워포인트를 대신하여 언제 어디서나 스마트폰에서도 무료로 사용할 수 있는 Google 프레젠테이션으로 사업 계획서를 만들어 보았다.

멋진 사업 계획서에 멋진 이미지가 빠질 수 없다. 자신이 직접 찍은 사진을 활용하면 다 무료이지만 정말 아름다운 풍경과 이야기가 있는 사진을 무료로 저작권에 위협받지 않고 사용하고 싶다면 픽사베이(www.pixabay.com)를 방문해 보자. 사진, 일러스트, 비디오까지 다양한 무료 이미지와 영상을 얻을 수 있다.

회원가입을 하고 검색 후 무료 다운로드를 누르면 기부를 좀 부탁하는 애교 섞인 ♥커피 버튼이 있다. 클릭하면 페이팔을 통해 커피값 정도를 기부할 수도 있다.

이제 멋진 이미지 사진도 구했는데 두 개 사진을 합성하거나 글씨를 삽입하고 싶다면 어떻게 해야 하나? 전 세계에서 가장 유명한 포토샵 프로그램을 만든 어도비사(www.adobe.com/kr) 홈페이지에 회원가입을 하면 1개월 무료체험판을 다운로드해 사용할 수도 있다.

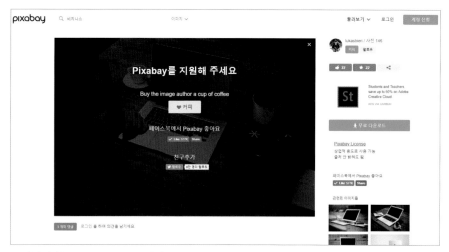

▲ 픽사베이(www.pixabay.com)에서 무료로 이미지 다운받기 - 오른쪽 중앙에 상업적 용도로 사용 가능이라는 문구가 보인다.

▲ 픽슬러 온라인 포토 에디터 (https://pixlr.com/editor/) - 회원가입, 프로그램 설치도 없이 포토샵을 바로 사용할 수 있다.

그러나 한 달 뒤에는 유료로 전환해야 하는데 매달 일정액을 지불해야 한다면 이것도 창업자에게는 제법 부담이다.

그러나 약간의 광고만 떠 있을 뿐 포토샵과 거의 똑같은 웹 프로그램이 있다. 바로 픽슬러 에디터(https://pixlr.com/editor/)에 접속하면 된다. 픽슬러 에디터는 컴퓨터에 설치하는 프로그램이 아니라 웹에서 작동하는 웹 프로그램으로 이래도 되나 싶을 정도로 포토샵과 상당 부분 유사하다.

회원가입을 안 해도 작동하며 오른쪽에 뜨는 광고들은 모니터만 조금 크다면 그리 부담되지 않는다. 심지어 프로그램 사용 언어는 20여 개국의 언어로 변경 사용이 가능하다.

급하게 포토샵을 사용해야 하거나 인쇄용이 아닌 웹 이미지 편집 정도는 훌륭하게 모두 가능하다. 단점이 있다면 한글이나 영어를 입력하는 기능에서 자간 조절이나 행간 조절은 없다.

이 모든 것을 무료로 사용할 수 있다.

네이버를 알고 가자

포털 사이트(portal site)란 월드와이드웹(www)에서 사용자들이 인터넷에 접속할 때 관문처럼 기본적으로 거쳐가도록 만들어진 사이트를 말한다.

우리가 인터넷 정보 등을 주로 검색하는 네이버, 다음, 네이트, 구글 등이 바로 포털사이트이다.

2019년 현재, 전 세계에서 가장 많은 사람들이 사용하는 포털은 구글이다.

구글은 세계에서 가장 점유율이 높은 포털사이트이지만, 특이하게도 한국에서는 선두를 달리지 못한다. 국내 포털사이트 통계를 보면 한국인 10명 중 6명은 네이버로 정보를 검색하고 여러 가지 정보를 얻는다.

구글과 네이버는 형태적으로 많이 다르다. 구글은 검색엔진 본연의 기능에 집중하여 사용자가 찾는 정보 위주의 정책이지만, 네이버는 쇼핑, 광고, 뉴스, 게임, 블로그 등 모든 정보를 메인 화면에 담고 있다.

포털사이트 로그정보를 비교해 주는 인터넷 트렌드(www.internettrend.co.kr)에서 1년 동안 네이버와 구글의 점유율 변화를 보면 네이버는 2016년 80%대 점유율에서 2019년 2월 기준 60.9%로 유튜브로 인기몰이 중인 구글과 점유율이 조금씩 좁혀지고 있다.

영원할 것 같던 네이버의 아성도 유튜브의 폭발적인 성장에 비교적 주춤하고 있는 추세이다. 그래도 국내 포털사이트 60%대 점유율이면 아직도 일 2천만 명 이상은 매일 네이버에 접속하고 있는 것이다.

온라인 채널 구축 실전과정에서 네이버를 꼭 알고 가야 하는 이유가 바로 이러한 통계 때문이다. 창업과정에서 온라인 마케팅을 진행하고 소정의 성과를 거두기를 원한다면 네이버를 자세히 알지 못하고서 성공을 기대하기란 쉽지 않다.

네이버 데이터 랩, 블로그, 파워콘텐츠, 키워드 광고, modoo, 스마트스토어 정도는 공부하고 구축해야 하는 것이 창업마케팅의 필수과정이라고 할 수 있다.네이버에 있던 많은 파워블로거들이 네이버 측의 홀대를 못 이겨, 유튜브 크리에이터로 변신하고 있는 현상은 이미 예견되던 결과이다.

네이버는 2019년 1월부터 네이버 TV를 활성화시킨다는 전략으로 유튜브와 거의 유사한 정책을 발표하였다. 유튜브와 같이 네이버 TV 채널 개설을 더욱 쉽게 승인하며 광고를 통한 수익분배를 활성화하겠다고 한다.
또한 네이버 블로그도 블로그 하단에 파워링크 광고를 삽입하여 클릭당 수익이 분배되는 애드 포스트를 활성화하여 파워블로거들의 이탈을 막아보려는 정책도 발표하였다.

갑작스러운 수익분배 정책에 파워블로거들이 잠시나마 고민은 하겠지만 창작자의 입장에서 진정성 있는 정책과 좀 더 파격적인 수익분배 모델이 아닌 이상 유튜브의 질주를 막기에는 역부족으로 보인다.

그러나 우리는 네이버를 잘 연구하여 활용만 잘한다면 손해 볼 것은 없다.

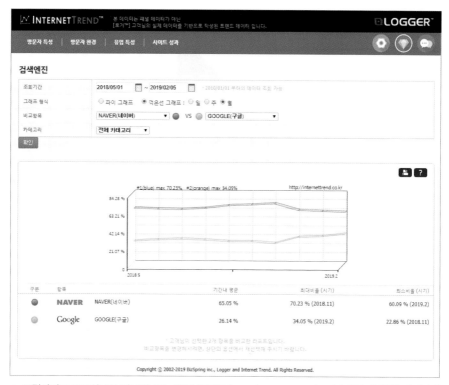

▲ 포털사이트 로그정보를 비교해 주는 인터넷트랜드(www.internettrend.co.kr)에서 1년동안 네이버와 구글의 점유율 변화를 보면 네이버는 2016년 80%대 점유율에서 2019년 2월 기준 60.9%로 유튜브로 인기몰이 중인 구글과 점유율이 조금씩 좁혀지고 있다.

네이버 검색 알고리즘

정보를 검색하기 위해 포털사이트 검색을 사용할 경우, 네이버, 다음, 구글에서 왜 어떤 것은 쉽게 검색이 되고 어떤 것은 잘 검색이 되지 않을까?

왜 구글에서는 우리 가게나 회사가 쉽게 검색이 되는데, 네이버에서는 왜 잘 검색이 되지 않는 걸까? 이유는 바로 각 포털사이트마다 자체 기준에 따라 사용하는 검색 알고리즘이 다르기 때문이다.

알고리즘(algorithm)이란 어떠한 주어진 문제를 풀기 위한 절차나 방법을 말하는 것으로 각 포털마다 이러한 알고리즘 정책은 수시로 바뀌기도 한다.

네이버에서는 C-Rank라는 검색 알고리즘을 사용하고 있다. C-Rank에서는 맥락(Context), 내용(Content), 연결된 소비/생산(Chain)을 자동 검수하여 출처의 신뢰도/인기도(Creator)에 따라 검색 노출의 순서를 정하게 된다.

네이버에서는 검색 알고리즘에 2018년 6월부터 D.I.A로 직을 추가 적용한다고 발표하였다. 항상 상위에 노출되는 파워블로거들의 저자 영향력 가점이 된 포스팅보다 글이 담고 있는 내용을 분석해서 어떤 정보, 경험, 의견을 담고 있는지 등의 문서를 이해하려는 기계학습 로직을 바로 다이아(D.I.A)로 직이라 명칭하고 새로운 검색 알고리즘으로 추가하였다고 한다.

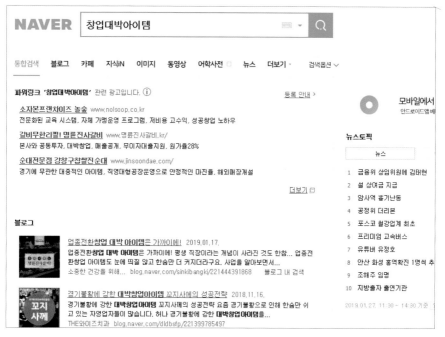

▲ 네이버에서 검색하면 파워링크라는 광고가 가장 먼저 등장한다. 광고비만 지불하면 최상단에 나의 홈페이지를 노출할 수 있다.

구글의 검색 알고리즘은 콘텐츠의 최신성, 검색어의 등장 빈도, 페이지의 우수한 사용자 환경 제공 여부 등 수백 개의 다양한 요인을 분석하여 웹에서 제공할 수 있는 가장 훌륭한 정보를 표시한다고 구글은 이야기한다.

다음의 예시 그림처럼 '창업 대박 아이템'이라고 네이버와 구글에서 검색하면 전혀 다른 결과가 나온다. 네이버는 가장 먼저 파워링크라는 광고가 최상단에 등장한다.

네이버에서는 단어가 길어 검색량이 적은 키워드를 저렴하게 구입해서 다량 구입 노출로 파워링크에 노출시키는 전략을 쓰기도 하는데 이러한 이유가 네이버의 파워링크 광고 때문이다. 광고비만 지불하면 네이버 최상단에 나의 홈페이지를 짧은 시간 안에 노출시킬 수도 있다.

구글에서 '창업 대박 아이템'을 검색하면 최근 대세로 떠오른 자사의 동영상 플랫폼인 유튜브 채널을 가장 먼저 보여 준다. 하단에서는 블로그뿐만 아니라 신문기사를 관련순으로 보여주는데 2010년의 오랜 된 기사도 노출이 된다.

▲ 구글은 최근 대세로 떠오른 자사의 동영상 플랫폼 유튜브가 가장 먼저 보여 진다.

네이버는 모바일에서 2018년 9월부터 블로그, 카페로 구분됐던 검색 영역을 통합하고 사용자의 검색 의도에 맞춰 결과물을 보여주는 모바일 검색을 강화하였다. 이러한 검색을 뷰(View) 검색이라고 하며 모바일에서 출처를 블로그와 카페 중에서 선택하거나 전체를 볼 수도 있다.

네이버는 모바일 검색을 사용자의 검색 의도와 문서의 품질에 집중하여 결과를 보여주는 방식으로 개선하였다고 발표하였다. 서비스에 따라 정보를 제공했던 기존 검색 방식을 개선해 모바일 검색 편의성을 높이기 위한 것이라고 한다.

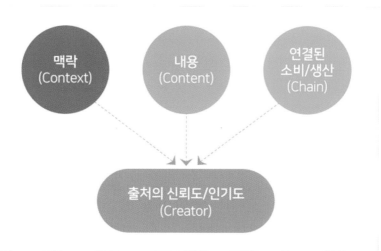

▲ 웹사이트의 신뢰도를 기반으로 하는 네이버 C-Rank알고리즘 [출처 - 네이버 공식블로그]

블로그 문서가 포함하고 있는 정보를 탐색하고 제목 / 본문 / 이미지 동영상 / 작성 시각 등	블로그 DB를 통해 광고/어뷰징을 골라내고 - 스팸 패턴이 포함되어 있는가 - 유사 문서가 많은 문서인가	좋은 출처(저자)가 만든 문서는 올려주고 **C-RANK**
저자의 전문성	**저자의 인기도**	**글 사이의 맥락**

▲ 네이버 C-Rank알고리즘에 대한 더 친절한 설명 [출처 - 네이버 공식블로그팀 발표자료]

Deep Intent Analysis
글이 담고 있는 내용을 분석해서 어떤 정보, 경험, 의견을 담고 있는지 문서를 이해하려는 기계학습

블로그 문서가 포함하고 있는
정보를 탐색하고 이해하는

D.I.A

▲ 네이버 D.I.A 검색 알고리즘에 대한 설명 [출처 - 네이버 공식블로그팀 발표자료]

작은 모바일 화면에서 즉각적으로 원하는 정보만을 빠르게 확인하고자 하는 사용자들의 검색 패턴을 반영하였다고 볼 수 있다.

네이버는 블로그 저자 평판 중심의 랭킹 알고리즘 씨랭크(C-RANK)를 기본적으로 적용하고, 블로그의 방문자 수나 글의 양, 저자의 인지도 등을 평가하는 기본 알고리즘으로 적용하고 있다.

여기에 검색 로그를 기반으로 개별 이용자 패턴의 만족도를 평가받는 문서의도 기반의 알고리즘인 다이아(D.I.A)를 추가로 개발하여 적용하고 있다.

'네이버는 이용자가 검색할 때 찾고자 하는 정보에 부합하는 결과를 제공하기 위해 노력하고 있습니다. 어떤 글이 이용자가 찾는 글일까, 즉 이용자의 의도를 가장 잘 반영하는 글이 무엇일까를 결정하는 기준을 저희는 '관련도'라고 부르고 있습니다. 관련도는 단지 글이 해당 단어를 포함하는지 뿐 아니라, 작성시간, 글의 품질, 인기도 등의 다양한 정보를 활용하여 계산됩니다. 이러한 다양한 정보들의 가치를 계산하여 수식에 적용한 결과가 검색결과로 나타나게 됩니다.'
[네이버 고객센터 발췌]

지금까지 설명한 네이버 검색의 복잡한 알고리즘인 씨랭크, 다이아 그리고 뷰 검색을 무시할 수는 없지만 비전문가인 우리가 모두 다 이해하고 갈 수 있을까?

이 복잡성을 떠나 블로그를 쓸 때는 기본에 충실하고 제목에서부터 이용자가 자주 검색하는 단어를 사용하여 작성하고, 맥락에 맞게 성심성의껏 진실되게 글을 작성하고, 적절한 이미지와 동영상을 삽입한 후, 주제 분류를 잘 선택하고 마지막으로 관련 태그를 다양하게 입력하고 글을 작성한다면 좋은 결과로 이어질 수 있다.

네이버 블로그 개설하기

네이버 블로그를 만들기에 앞서 우리는 블로그를 왜 만들어야 하며, 왜 운영해야 하는지를 고민해 보아야 한다.

많은 분들이 막연하게 블로그를 개설하고 몇 개의 포스팅만 있으면 사업과 매출 증대에 도움이 될 것으로 기대하는데 이것은 여러분이 동네에 치킨집을 개업한 후 홍보 전단을 딱 1번 돌리고 손님이 많이 오기를 기대하는 것과 비슷하다고 할 수 있다.

네이버 블로그를 개설하고 참신한 내용으로 성실하고 꾸준하게 방문자들을 위한 좋은 정보를 제공한다면 앞 장에서 설명한 검색 알고리즘은 크게 걱정 안 해도 된다. 그러나 조금은 단기간에 소비자가 원하는 정보를 검색할 때 자신이 운영하는 블로그가 잘 검색이 되고 방문자가 늘어나게 하는 방법은 무작정 양으로 승부하는 블로그를 운영하는 것과는 차이가 상당히 날 수 있다.

하루에 수백만 명이 네이버 블로그를 통해 브랜드의 평판과 사용 후기 그리고 정보를 얻어 간다.

소비자 측면에서 블로그를 탐색하는 이유는 그 회사의 홈페이지에서는 볼 수 없는 구매예정 제품의 정보와 평판을 좀 더 친절하고 자세하게 제공받기를 기대하기 때문이다. 또한 타인들의 객관적인 평가를 통해 그 회사와 그 브랜드를 평가하고, 이후 이성적 사고를 통해 구매를 결정하게 되는 과정이라고 볼 수 있다.

네이버 블로그는 개인 사용자는 1개 아이디당 1개의 개인 블로그를 만들 수 있다. 개인이 아닌 사업체가 블로그를 운영할 경우 공식 블로그를 운영하는 경우가 많은데 블로그는 단체 아이디 생성을 통해 여러 명이 한 개의 블로그를 관리하는 방법을 사용해야 한다.

네이버 블로그는 사용자가 쉽게 디자인하고 꾸밀 수 있는 60여 개의 스킨과 스마트 에디터를 통해 다양한 편집 기능을 제공하고 있다. 스킨이라는 말은 블로그 기본 제공 디자인이라고 할 수 있는데, 블로그의 운영 목적과 방문자의 첫인상이라는 측면에서 중요한 부분이다.

이제 오른쪽의 차근차근 따라하기를 통해 네이버 블로그를 개설하고 디자인을 내가 직접 해 보자.

네이버 블로그 개설하고 디자인하기

① 가장 먼저 해야 할 일은 네이버에 회원가입을 하고 로그인을 하는 것이다. 로그인 후 블로그탭을 클릭해 보면 네이버가 제공하는 기본적인 내 블로그는 이미 만들어져 있다. 내 블로그를 클릭해 보자. 상단의 주소창을 보면 내 블로그의 주소는 https://blog.naver.com/아이디로 설정되어 있다. 이 블로그 주소는 블로그 설정에서 세가지 방식으로 변경 가능하다.

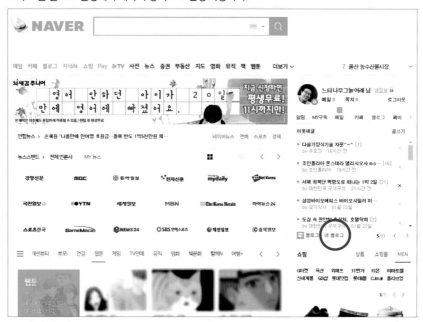

② 두번째 해야 할 일은 블로그 정보를 제대로 입력하는 일이다. 블로그의 왼쪽 메뉴의 글쓰기 옆에 관리 메뉴를 클릭한다. 블로그 정보 화면이 열리고 블로그명, 별명, 소개글, 프로필 이미지와 모바일앱 커버 이미지를 수정할 수 있다. 블로그 이름과 별명을 신중하게 입력하고 프로필 이미지는 PC의 바탕화면에 정사각형의 이미지를 준비한 후 등록해 준다. 아래 오른쪽 그림이 모바일앱 커버 이미지 적용화면이다. 정사각형의 적절한 이미지 사용이 매우 중요하다.

③ 세번째 해야할 일은 스킨을 선택해야 한다. 스킨은 기본적인 블로그의 디자인과 레이아웃을 결정하는 단계이며 예제로 '그리운 날의 기억'이라는 스킨을 사용해 보기로 한다.

이 스킨은 상단의 블로그디자인 공간이 넓어 시원한 느낌을 주고 첫 화면을 디자인하기에 용이하다.

④ 다음은 스킨의 세부 디자인 설정을 통해 디자인을 변경해 보자. 스킨 선택의 하단 메뉴 가장 오른쪽에 세부 디자인 설정을 클릭하면 스킨의 디자인을 세세하게 수정이 가능한 리모콘모드 화면으로 이동하게 된다.

리모콘을 띄워놓은 상태에서 스킨배경, 타이틀, 메뉴, 박스라인 등을 세부적으로 수정 할 수 있다.

⑤ 스킨배경은 네이버에서 제공하는 그림으로 바꿀 수도 있지만 직접등록을 클릭하면 자신이 직접 찍은 사진이나 상단 영역의 무료 이미지 검색으로 다양한 이미지를 스킨배경으로 설정 할 수 있다.
아래 그림은 무료 이미지 검색으로 등대를 검색하여 스킨배경에 적용해 본 화면이다.

⑥ 맛있는 음식을 만들려면 좋은 재료가 필요하듯이 블로그 스킨배경을 블로그 운영목표에 맞춰 배경 스킨에 텍스트나 적절한 이미지를 합성하여 준비한 후 직접 업로드해 주면 수준 높은 블로그 첫 화면을 만들 수 있다.
아래 화면은 필자가 이미지합성으로 만든 어촌체험마을 공식블로그 첫 화면이다. 스킨 배경 하나로 블로그 전체의 느낌을 시원하고 의미있게 만들 수 있으니 지금 바로 도전해 보자. 로고나 타이틀의 위치를 레이아웃에 맞춰주면 더욱 좋다.

⑦ 다음은 레이아웃·위젯 설정이다. 레이아웃은 블로그의 디자인틀을 내 마음대로 변경할 수 있는 설정으로 왼쪽의 프로필영역, 카테고리, 검색 등의 메뉴 위치를 변경할 수 있다.
오른쪽 하단의 메뉴 사용 설정에서는 블로그 정보, 최신 댓글 등의 메뉴를 추가할 수 있다.

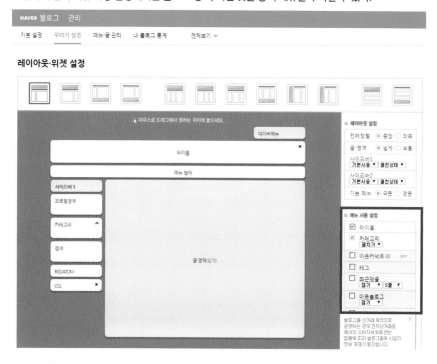

⑧ 오른쪽 하단의 위젯은 블로그에 다채로운 기능을 추가하는 도구인데 사업자정보, 지도, 달력, 카운터, 뮤직플레이어 등을 왼쪽 메뉴바에 추가할 수 있다.

네이버 블로그 배경바꾸기

네이버 블로그가 만들어졌다면 이제 내가 찍은 스마트폰 속의 사진을 내 블로그 스킨 배경에 적용하는 방법을 배워보자.

생각보다 많은 분들이 자신의 스마트폰에 저장된 사진을 PC로 다운로드하는 방법을 몰라 잘 찍어놓은 사진들을 계속 스마트폰 속에 보관만 하고 있다. 사진촬영 기능이 있는 대부분의 스마트폰은 사진을 찍고 나면 이메일로 보내는 기능이 있다. 찍은 사진을 자신의 이메일로 보낸 후 PC로 접속하여 첨부된 사진을 바탕화면으로 다운로드하면 바로 사용할 수 있다.

스마트폰으로 사진을 촬영하고 공유 기능으로 바로 이메일로 보내거나, 카카오톡 속의 나에게 사진을 보낸 후 PC버전 카카오톡을 이용하여 다운로드하는 방법도 있다. 또한 앞 장에서 설명드린 Google 포토를 설치하였다면 사진을 찍고 Google 포토 앱을 한번 여는 것만으로 구글 서버로 업로드되어 PC에서 바로 내려받기 해서 사용할 수 있다.

먼저 오른쪽의 차근차근 따라하기로 블로그 배경을 변경해 보자.

네이버 블로그 스킨배경 바꾸기

① 내가 직접 찍은 멋진 사진을 네이버블로그 스킨배경으로 사용해 보자. 필자의 스마트폰속의 사진을 클릭하니 상단에 공유마크(⚬ₒ)가 등장한다. 공유마크를 클릭하고 파일보내기 기능을 이용하여 네이버 메일로 스마트폰속의 사진을 전송하였다. 이제 컴퓨터로 네이버에 로그인한 후 네이버메일로 들어가 첨부된 파일을 바탕으로 다운로드 받으면 된다.

② 네이버 블로그 관리로 들어가 세부 디자인 설정을 누르면 리모콘이 뜨고 직접등록을 클릭하면 업로 드할 이미지가 어디에 있는지 열기창이 열린다. 이 때 네이버메일에서 다운받은 스마트폰속 사진을 클 릭하면 바로 내 블로그의 스킨배경으로 적용이 된다. 이 때 유의할 점은 사진의 크기가 너무 큰 경우에 는 업로드 되지 않는다. (가로 최대 3000px)

스마트폰으로 촬영된 원본 사진이나 고해상도의 이미지는 일반적인 컴퓨터에 내장된 윈도우의 그림판을 통해서도 줄일 수 있으며 네이버 블로그 스킨 배경 이미지는 3000px 이하 크기 jpg 파일 또는 gif 형식의 파일로 만들어야 업로드가 가능하다.

디지털 이미지의 크기를 이야기할 때, px라는 단위는 pixel(화소의 최소단위)의 줄임말로 픽셀이라고 한다. 최근의 스마트폰에 내장된 카메라도 상당한 고화질을 자랑하는데 전면의 500만 화소로 촬영한 사진의 크기는 가로 2,560px, 세로 1,920px이며 후면의 800만~1200만 화소는 더욱 큰 사진을 촬영할 수 있다.

Resolution name	Horizontal x Vertical pixels	Other names	Devices
8K	7,680x4,320	none	Concept TVs
"Cinema" 4K	4,096x[unspecified]	4K	Projectors
UHD	3,840x2,160	4K, Ultra HD, Ultra-High Definition	TVs
2K	2,048x[unspecified]	none	Projectors
WUXGA	1,920x1,200	Widescreen Ultra Extended Graphics Array	Monitors, projectors
1080p	1,920x1,080	Full HD, FHD, HD, High Deinition, 2K	TVs, monitors
720p	1,280x720	HD, High Definition	TVs

▲ Full HD 해상도는 1920 x 1080, 총 픽셀의 개수는 2,073,600개(2백만 화소), QHD는 2560 x 1440, 3,686,400개,(3백만 화소), 4K라고도 불리우는 UHD해상도는 3840 x 2160, 8,294,400개(8백만 화소)이다. 화소가 클수록 많은 색상과 더 정밀한 이미지의 표현이 가능하다.

그림판은 윈도우의 기본 프로그램으로 간단한 이미지 크기 조정과 텍스트 삽입이 가능하다. 그림판보다 무료로 사용이 가능하고 포토샵과 유사한 픽슬러(https://pixlr.com/editor)를 이용하면 로고 합성이나 다양한 기능의 텍스트 삽입이 가능하다.

픽슬러는 설치를 하지 않아도 사용이 가능한 무료 포토샵으로 오른쪽에 광고가 뜨긴 하지만 간단한 포토샵 기능이 필요할 경우 매우 유용하게 사용할 수 있다. 픽슬러의 간단한 사용법은 차근차근 따라하기에서 실전을 통해 자세하게 다루기로 한다.

네이버 블로그에 글쓰기

네이버 블로그를 구성하고 스킨을 선택한 후 직접 이미지까지 디자인하고 업로드하였다면 이제 남은 것은 내 블로그에 어떤 글을 어떻게 쓸 것인가에 대한 문제만 남았다.

블로그 첫 화면의 프로필 바로 아래 글쓰기를 클릭하면 글쓰기가 시작된다. 하얀 종이를 책상 위에 놓으면 무엇을 써야 할지 숨이 턱 막히는 경험처럼 아무런 생각 없이 블로그 글쓰기를 대하면 막막함이 밀려올 수 있다.

하얀 화면에서 블로그 글쓰기를 하기 전에 먼저 우리는 블로그의 운영 목적을 다시 한번 짚고 넘어가야 한다. 나는 블로그를 왜 운영하려 하는가? 어떤 이들에게 어떤 정보를 주기 위해서 운영하려 하는가? 어떤 주제와 어느 정도 주기로 글을 쓸 것인가? 그리고 최종 블로그 운영의 목표는 무엇인가 등이다.

주기적으로 1주일에 몇 개의 새로운 글쓰기를 통해 블로그를 운영할 것이고 어떤 주제로 쓸 것인가는 미리 기획 단계에서 전략을 세워야 한다.

블로그는 여러분의 잠재 고객들이 여러분이 제공하는 유익한 정보를 통해 여러분의 회사에 호감도를 갖고 최종적으로는 여러분의 홈페이지 또는 쇼핑몰에서 구매를 유도하기 위한 목적이 대부분이다.

그냥 재미로 불규칙하게 운영하게 되면 제대로 업데이트로 안되고 내용도 부실할 수밖에 없다.

블로그는 네이버 블로그 메인의 주제 분류에 따라 크게 엔터테인먼트·예술, 생활·노하우·쇼핑, 취미·여가·여행, 지식·동향 등의 블로그 방향을 설정할 수 있다.

자신이 가장 관심 있고 보유한 지식도 풍부하며 새로운 글쓰기가 즐겁다면 그 블로그는 성공할 가능성이 크다. 주제에 맞는 깊이 있는 내용과 직접 촬영한 사진, 이모티콘, 네이버 제공 스티커 등을 잘 활용하여 정기적으로 글쓰기를 하면 된다. 좋은 재료를 준비하면 좋은 음식이 되듯 블로그 글쓰기도 그러하다.

글쓰기에서 오른쪽 상단에 보면 템플릿 버튼이 있는데 템플릿은 기본적인 블로그 틀을 제공하는 기능으로 순위, 여행, 레시피, 영화, 뷰티, 서평, 육아 등의 템플릿이 있다.

본인이 가장 자신 있는 주제를 골라 템플릿을 클릭하면 제법 틀이 잡힌 새 글이 보이게 된다. 템플릿 여행부문에서 제주도 자유여행 템플릿을 클릭하면 제주도 자유여행 2박 3일에 대한 글이 자동으로 생성되는 데, 이 템플릿을 기본으로 내가 찍은 사진과 글로 1박2일 또는 3박 4일 국내여행 블로그 포스트로 변경해서 사용할 수 있다.

제공되는 템플릿이 너무 길다고 생각되면 클릭하여 삭제하고 짧다고 생각될 경우 부분 템플릿을 추가해서 블로그를 완성할 수 있다.

이제 본격적으로 나의 첫 포스팅을 한번 해 보자.

좋은 사진과 기획안이 준비되었다면 내가 쓴 블로그의 글들이 고품질 블로그로 분류되어 빠른 시간 내에 노출이 되는 방법을 알아야 한다. 이러한 작업을 검색엔진 최적화 [Search Engine Optimization]라고 한다.

네이버 블로그 첫 글쓰기

① 네이버 블로그에 글을 쓰는 방법은 첫 화면 왼쪽 하단의 '글쓰기'만 클릭하면 된다. 블로그 글쓰기는 스마트폰으로도 '네이버블로그' App을 설치하면 글쓰기는 손쉽게 가능하다.
문제는 무엇을 쓸 것인가이다.

② 글쓰기로 들어가면 오른쪽 상단에 템플릿 버튼을 클릭하여 글을 쓸 수 있다. 블로그 템플릿은 초보자들을 위해서 기본적인 디자인과 레이아웃을 제공하는 기능으로 순위, 여행, 레시피, 영화, 뷰티, 서평, 육아 등의 템플릿을 골라 쓰기만 해도 된다.

107

내 블로그가 네이버에서 상단에 검색이 되고 일일 방문자를 지속적으로 늘리려면 현재 상위에 검색되는 경쟁 블로그를 분석해 볼 필요가 있다. 왜 이 블로그는 상위에 랭크되고 조회 수가 많을까를 자세히 살펴보면 몇 가지의 공통점이 눈에 띈다.

먼저 제목에 검색어가 반드시 들어가 있다. 오른쪽 그림처럼 '강릉 맛집'을 네이버에서 검색해 보자. 블로그만 26만 개가 조회되고 상위에 랭크된 블로그는 제목에 '강릉 맛집'이라는 검색어가 반드시 들어 있다. 블로그로 들어가 보면 제목 이외에도 본문에 최소 5번 이상 '강릉 맛집'이 반복된다.

두 번째 공통점은 블로그 내에 직접 촬영한 관련 사진이 최소 10개에서 40여 개까지 정성스럽게 삽입되어 있다. 유명 블로거인 경우 복사방지를 위해 사진에 워터마크가 붙어 있는 경우가 많다.

세 번째 공통점은 하단에 네이버 지도가 반드시 들어가 있다. 방문자들이 맛집의 위치를 쉽게 볼 수 있도록 글을 쓸 때 네이버 지도를 삽입하였다.

네 번째 공통점은 네이버에서 개발하여 캐릭터 사업으로 진행 중인 스티커를 많이 삽입해서 사용한다는 점이다.

다섯 번째 공통점은 네이버에 직접 업로드한 영상이 포함되어 있다는 것이다. 물론 유튜브에서 영상을 끌어다 삽입한 경우도 많다.

마지막 공통점은 최하단에 #태그를 '#강릉 맛집'으로 반드시 삽입한 것이다.
위의 6가지 공통점 이외에도 블로거의 영향력, 전체 블로그 포스트 개수, 공감과 댓글의 숫자 등 고품질 블로그로 평가되는 여러 요소가 있다.

또한 블로그를 개설하고 최소 50개 이상의 블로그 글이 누적이 되어야 일방문자가 눈에 띄게 늘어나는 것을 피부로 느낄 수 있다.

③ 네이버에 '강릉맛집'을 검색해 보자. 상위에 랭크된 블로그는 제목에 '강릉맛집'이라는 검색어가 반드시 들어 있다. 블로그로 들어가보면 제목 이외에도 본문에 최소 5번이상 '강릉 맛집'이 반복된다.

블로그   리뷰

블로그 1-10 / 260,944건

[강릉 맛집] 신대게나라 - 마지막까지 따뜻하게 먹자! 2019.02.02.
주문진 고속버스 종합터미널에서 1분거리에 위치하고 있고, **강릉**역에서는 차로 30분 미만 걸리는 위치거든요. 이 근처로 정말 많은 해산물 **맛집**들이 있는데 근처에...
+ 45   blog.naver.com/bonbo...   블로그 내 검색   약도 ▾

강릉 맛집 신선한 대왕 해물찜 먹으로★ 2019.01.30.
유명한 거 하나씩 먹는 재미도 있는데 사람이 워낙 많아서 포기하려는 것도 있었죠 ㅠㅠ 이날 점심은 작년 여름에 엄마랑 조카 데리고 강릉 갔을 때 방문했던 **강릉 맛집**...
+ 30   blog.naver.com/babo8...   블로그 내 검색   약도 ▾

강릉 맛집 대게 손질의 달인이 있는 곳! 2019.01.27.
Pocohol Review :: 열심히 달려온 포콜부부, 강릉으로 떠나다! 육아에 지쳐있던 하루.... 가게 앞으로 가니 **강릉 맛집**을 위해 달려온 보람이 있게 수족관에는 엄청난 크기를...
+ 45   blog.naver.com/pocoh...   블로그 내 검색   약도 ▾

④ 상위에 랭크된 블로그는 하단에 네이버지도, #태그가 반드시 삽입되어 있다. 이외에도 네이버 스티커, 동영상정보 등이 포함되어 있다. 공감과 댓글이 많은 경우도 상위 랭크 블로그의 공통점이다.

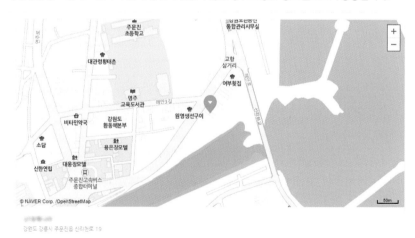

강원도 강릉시 주문진읍 신리천로 19

상호명 :
전화번호 : 033-662-2244
주소 : 강원도 강릉시 주문진읍 신리천로19 / 강원도 강릉시 주문진읍 교항리 1252-12
영업시간 : 매일 10:00 ~ 22:00

#강릉맛집   #강릉대게맛집   #강릉맛집추천   #신대게나라   #강릉신대게나라   #주문진신대게나라   #신대게나라대게   #대게택배

#대게배송   #대게맛집추천   #주문진맛집   #주문진맛집추천   #주문진대게맛집   #강릉대게맛집추천

♡ 공감 48 ▾   💬 댓글 24 ▾   blog ★   인쇄

109

네이버 데이터랩

네이버 블로그에 어떤 글을 어떤 제목으로 쓸 것인가를 고민할 때 손쉽게 사용할 수 방법이 바로 네이버 데이터 랩(https://datalab.naver.com/)을 활용하는 것이다.

네이버에서는 '네이버 데이터 랩'서비스를 통하여 빅데이터 융합 분석을 무료로 제공하고 있는데 지난 10년간 네이버에서 검색되고 있는 단어의 추이를 그래프 형태로 볼 수 있다.

네이버 블로그에 글을 쓰기 전에 제목을 설정하고 내용을 작성하는 데 도움이 될 만한 빅데이터를 검색하여 더욱 많이 검색되는 단어를 사용한다면 그 블로그는 효과적으로 노출될 수 있다.

오른쪽 예시처럼 데이터 랩 검색어 트렌드에서 주제어 입력창에 '세종 맛집', '세종 볼거리', '세종 놀거리' 3가지 단어의 지난 1년간 검색 추이를 조회해 보면 그림과 같이 상세한 그래프를 월별로 볼 수 있다.

그래프의 데이터는 검색어가 검색된 횟수를 주간으로 합산하여 조회 기간 내 최대 검색량을 100으로 하여 상대적 지표를 표기하는 방식이다.

네이버 데이터랩 사용법

① 네이버 데이터랩의 검색어트렌드를 활용하면 블로그 내용을 어떤 것으로 하는 것이 더욱 효율적인지 알아 볼 수 있다. 세종맛집, 세종볼거리, 세종놀거리 3가지 주제어의 1년동안 모바일, PC 검색량을 비교해 볼 수 있다.

② 네이버 데이터랩에서 그래프로 확인해 보니 세종맛집, 세종볼거리, 세종놀거리 3가지 주제어는 월등하게 세종맛집이 많으며 세종볼거리, 세종놀거리는 검색량이 상대적으로 매우 적음을 볼 수 있다.

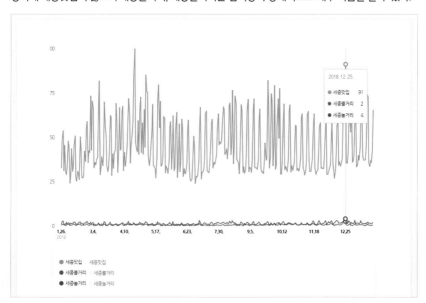

세 단어의 1년간 검색 추이를 살펴보면 '세종 맛집'이 '세종 볼거리'에 비하여 검색량이 월등하게 많으며 '세종 놀 거리', '세종 볼거리'의 경우에는 검색량이 상대적으로 매우 적음을 볼 수 있다.

지금부터 1년간 매주 2개의 블로그 새 글 생성을 목표로 할 경우, 미리 주제라도 정해야 하는데 네이버 데이터 랩을 활용하여 100개의 주제를 미리 정해볼 수 있다.

예를 들어 내가 전국 맛집 소개 블로그를 생성하려고 할 때, 어느 지역 맛집 검색 단어가 어느 시기에 검색량이 많은지 미리 확인해 보고 글을 쓴다면 훨씬 더 효과적으로 유입량을 늘릴 수 있다.

전라도 맛집, 강원도 맛집, 충청도 맛집, 경기도 맛집, 경상도 맛집 5개의 단어를 네이버 트렌드로 검색해 보자. 어떤 지역의 맛집은 정말 생각보다 인기가 없음을 확인해 볼 수 있다.

네이버 데이터 랩은 특정 검색어들을 서로 비교하여 상대적인 값을 비교하여 보여주는 서비스로 정확한 검색량을 알 수는 없다. 월별로 더욱 상세한 검색량이 궁금하다면 다음 장의 네이버 검색광고에서 자세히 다루기로 한다.

네이버 데이터 랩의 분야별 인기 검색어를 보고 블로그 제목으로 참고하면 많은 도움이 된다. 오른쪽 그림은 여행/문화 분야의 인기 검색어인데 밸런타인데이가 막 지난 시점이라 사탕 꽃다발이 1위를 차지하고 있다. 이것은 2월 14일에 밸런타인데이에 초콜릿을 받은 남성이 3월 14일을 대비하여 미리 검색하고 있는 데이터라고 볼 수 있다.

기관에서 제공하는 다양한 공공데이터도 네이버 데이터 랩에서 볼 수 있는데, 각종 기관 및 지역의 행사 정보를 직접 링크로 확인할 수 있다.
블로그 글쓰기에 많은 도움이 될 수 있다.

③ 네이버 데이터랩 쇼핑인사이트 분야별 인기 검색어를 검색해 보자. 여행/문화 분야의 인기 검색어는 발렌타인데이가 막 지난 시점이라 사탕꽃다발이 1위를 차지하고 있다.

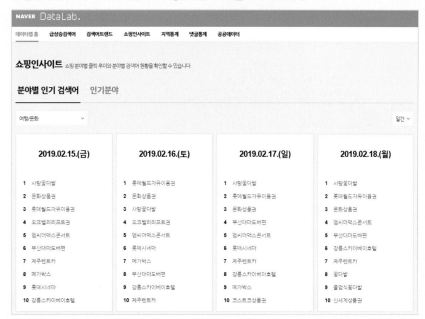

④ 데이터랩에서 제공하는 공공데이터를 활용하여 블로그 기획을 해 보는 방법도 있다.
다양한 공공데이터도 네이버 데이터랩에서 볼 수 있는데, 각종 기관 및 지역의 행사정보를 직접 링크로 확인할 수 있다.

네이버 검색 광고

앞 장에서 배운 네이버 데이터 랩을 통한 검색량 조사 방법 이외에 더 자세한 검색량 활용방법은 네이버 키워드 광고 시스템을 이용하면 더욱 자세한 데이터를 가지고 활용할 수 있다.

네이버에서 특정 단어를 검색하게 되면 대부분의 단어가 처음 노출이 '파워 링크'인데 이 부분이 바로 검색광고이다.

네이버 검색 광고를 활용하면 저비용으로 고효율을 낼 수 있다고 네이버는 자사 홈페이지를 통해 이야기하지만 현실은 조금 다를 수 있다.

그렇다고 광고비용을 들이지 않고 블로그와 카페 등을 활용해 보니 효과는 미미하고 돈을 들여 키워드 광고를 하자니 부담이 되고, 그야말로 계륵이라고 생각될 때도 있다.

필자는 자동차보험 회사의 온라인 마케팅팀에서 발주를 받아 네이버 키워드 대행사와 온라인 마케팅 협업을 진행한 적이 있는데 어마어마한 돈을 어쩔 수 없이 경쟁사들에게 밀리지 않기 위해 네이버 키워드에 매월 지불하는 것을 보고 많은 고민에 빠진 적이 있다.

앞 장에서 언급한 데로 이 파워링크는 네이버 광고 수익의 중요 모델인데 여러분이 큰마음 먹고 광고비로 지출하겠다면 내일이라도 당장 파워링크 1순위로 노출시킬 수 있다.

이러한 네이버 파워링크에 자사의 고유한 브랜드나 회사 이름을 1순위로 올리려면 큰돈이 들지 않는다. 왜냐하면 나의 회사 이름이나 가게 이름, 브랜드는 경쟁자가 없기 때문이다.

예를 들어 다음 달에 내가 '세종 조개구이'라는 가게를 오픈한다면 지금은 검색 경쟁자가 전혀 없기 때문에 클릭당 70원이면 1순위 검색에 노출시킬 수 있다.지금 바로 네이버 광고주로 신규 가입을 하여 직접 키워드 광고를 진행할 수 있다. 네이버 광고주로 신규 가입을 한다는 것은 네이버 회원가입과는 다르며 광고주로서 별도 아이디를 생성해야 한다. 네이버 광고주가 입으로 되면 네이버 키워드 광고 시스템을 이용할 수가 있는데 특정 키워드의 월간 조회 수를 PC와 모바일로 자세하게 검색해 볼 수 있다.

일단 네이버 광고주로 가입하여 키워드 광고 시스템을 활용해 보는 것은 비용이 들지 않으니 지금부터 직접 해 보도록 하자.

네이버 검색광고를 하기 위해서는 네이버 첫 화면 맨 아래의 비즈니스·광고를 클릭한다. 전환된 화면에서 검색 마케팅을 클릭하면 네이버 검색광고 화면이 열리고 네이버 검색광고 회원가입이 열린다.
네이버 검색광고 회원가입을 한다는 의미는 네이버 광고주가 된다는 의미이다.

네이버 광고주 유형은 사업자 등록을 한 경우 "사업자 광고주"유형을 선택, 사업자 등록을 하지 않은 경우 혹은 권한을 통해 다른 광고 계정을 관리하는 경우에는 "개인 광고주" 유형을 선택해야 한다.
네이버 광고주 회원을 사업자 광고주로 가입하는 경우에는 지출된 광고비를 네이버로부터 매입 세금계산서로 발행 받을 수 있다.
정확한 사업자 정보를 입력하고 아이디 중복 확인을 한 후 진행을 하면 된다.

네이버 개인 아이디와 광고주 아이디는 별도로 잘 관리해야 하며 나의 개인 계정과 광고 계정이 섞이지 않는 것이 업무에 도움이 된다. 작은 회사일 때는 개인 계정과 회사 계정을 분리할 필요가 없지만 나중에 사업이 커져 전담 직원이 생길 경우 나의 개인 정보가 모두 노출되므로 개인 계정과 회사 계정은 별도로 운영하는 것이 좋다.

광고주로 가입을 완료하고 나면 광고주 로그인 화면이 열린다. 아직 광고비를 지출하지 않아도 얼마든지 광고 시스템을 통해서 키워드 검색량을 상세히 알아볼 수 있다. 오른쪽 상단의 광고 시스템 파란 버튼을 클릭해 보자.

네이버는 바로 광고 만들기를 하라고 유도하지만 상단의 도구에서 '키워드 도구'를 활용하여 상세한 검색량을 확인하는 방법을 알아보고 광고 만들기를 하기로 한다.

먼저 예시로 '세종 조개구이'라는 단어로 키워드를 넣어보니 조회 결과가 1개이며 현재 경쟁자는 없다. 이럴 경우 아래 파란색 세종 조개구이 글씨를 클릭하면 더욱 자세한 검색 결과 볼 수 있는데 지난달까지의 자세한 검색수를 알려 준다.

이제 바로 광고비를 충전하고 광고를 집행하는 방법을 알아보자.

앞의 화면에서 '세종 조개구이'의 경우 현재는 경쟁자가 없으므로 키워드 최소 입찰가 70원(부가세별도)으로 파워링크 1순위 노출이 가능하다.

이와 같이 중복이 없다면 나의 회사 이름, 가게 이름, 상표등록한 브랜드 등은 최소 입찰가로 파워링크 1순위 노출이 가능하다. 그러나 이러한 파워링크 등록 방법을 잘 모른다면 홈페이지를 제작하고 나서 수많은 키워드 광고대행사들이 전화를 걸어와 네이버 광고 대행을 유도하며 선결제를 요구하는 경우가 있는데 불법적인 연간 선결제 요구나 저렴한 키워드만을 대행하며 고가의 대행료를 요구하는 경우가 있으니 유의하여야 한다.

네이버 검색광고 따라하기

① 네이버 검색광고를 하기 위해서는 네이버 첫 화면 맨 아래의 비즈니스·광고를 클릭한다. 전환된 화면에서 검색 마케팅을 클릭하면 네이버 검색광고 화면이 열리고 네이버 검색광고 회원가입이 열린다.

② 네이버 검색광고 회원가입을 한다는 의미는 네이버 광고주가 된다는 의미이다. 네이버 광고주 유형은 사업자 등록을 한 경우 "사업자 광고주"유형을 선택, 사업자 등록을 하지 않은 경우 혹은 권한을 통해 다른 광고 계정을 관리하는 경우에는 "개인 광고주" 유형을 선택해야 한다.

③ 사업자 광고주로 가입하는 경우는 사업자 등록번호가 있는 경우인데 이는 지출된 광고비를 네이버로부터 매입 세금계산서로 발행받을 수 있다. 정확한 사업자정보를 입력하고 아이디 중복확인을 한 후 진행을 하면 된다. 네이버 개인아이디와 광고주 아이디는 별도로 잘 관리해야 하며 나의 개인계정과 광고계정이 섞이지 않는 것이 업무에 도움이 된다.

117

④ 광고주로 가입을 완료하고 나면 다음과 같이 광고주 로그인 화면이 열린다. 아직 광고비를 지출하지 않아도 얼마든지 광고시스템을 통해서 키워드 검색량을 상세히 알아볼 수 있다. 오른쪽의 상단의 광고시스템 파란버튼을 클릭해 보자.

⑤ 바로 광고 만들기를 하라고 유도하지만 상단의 도구에서 '키워드 도구'를 활용하여 상세한 검색량을 확인하는 방법을 알아보고 광고 만들기를 하기로 한다.

⑥ 먼저 예시로 '세종조개구이' 라는 단어로 키워드를 넣어보니 조회 결과가 1개이며 경쟁자는 없다. 이럴 경우 아래 파란색 세종조개구이 글씨를 클릭하면 더욱 자세한 검색결과 볼 수 있는데 지난 달까지의 자세한 검색수를 알려 준다.

⑦ 다음은 바로 광고비를 충전하고 광고를 집행하는 방법이다. 앞의 화면에서 '세종조개구이'의 경우 현재는 경쟁자가 없으므로 키워드 입찰가는 70원(부가세별도)으로 파워링크 1순위 노출이 가능하다.

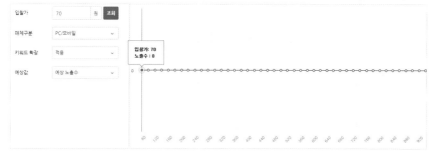

⑧ 필자는 디자인교육회사를 운영중이므로 세종조개구이를 직접 등록해 볼 수는 없고 회사이름인 '소셜디자인마케팅랩'을 파워링크 1순위로 노출해 보기로 한다. 상단의 메뉴 광고관리를 클릭하고 광고만들기를 시작한다. 이 때 하단 광고 캠페인 이름은 파워링크#소셜디자인마케팅랩 으로 하고 하루예산은 10,000원으로 설정하였다.

⑨ 마지막으로 광고 만들기(키워드/소재)단계인데 파워링크에 노출될 제목과 설명을 만들어주고 연결할 홈페이지 주소만 넣어주면 PC/모바일 소재 미리보기로 확인할 수 있다. 이제 광고비 충전만 하면 네이버 키워드 심사를 거쳐 파워링크 1순위로 노출되게 된다. 광고비는 광고주 가상계좌생성을 통해 입금만 하면 바로 광고심사가 진행된다.

네이버 파워콘텐츠

네이버 파워콘텐츠란 이용자의 정보 탐색 의도가 깊은 키워드에 대해 해당 분야의 전문가인 광고주가 블로그, 포스트, 카페 등의 콘텐츠를 이용해 보다 정확하고 신뢰성 있는 정보를 제공하는 광고 상품이라고 네이버는 표현하고 있다.

이 이야기는 잘 이해해 보면 이용자의 검색량이 상당하고 상업적인 파워블로거가 관여할 개연성이 높은 특정 키워드는 네이버가 보호 키워드로 지정하여 첫 검색 화면에서는 일반인의 블로그가 아예 노출되지 않는 것이다.

네이버 검색창에 '영국 유학'을 검색해 보면 파워링크 다음 순서에 파워콘텐츠라는 광고가 등장하는 데 이러한 키워드는 네이버가 보호 키워드로 지정한 단어이다.

네이버 파워콘텐츠는 상당한 전문지식이 필요한 콘텐츠를 대기업이나 전담인력이 있는 기업에서 직접 콘텐츠를 생산하고 관리하는 것을 권장하고 있다.

물론 대다수는 전문적인 콘텐츠 제작 대행사를 통해 파워콘텐츠가 운영되고 있기에, 창업을 하는 작은 회사가 네이버 파워콘텐츠까지 뛰어들어 비용과 시간을 들이는 것을 권장하지 않는다.

NAVER 광고   비즈니스·광고   **교육**   운영안내   도움말   광고시스템 로그인 🔍

Home › 비즈니스·광고 › 검색광고 › 콘텐츠 검색광고

좋은 콘텐츠로 소비자의 마음을 얻는 마케팅

콘텐츠검색광고

이용자에게 신뢰성 있는 정보를 제공하고,
광고주에게는 효과적인 브랜딩 기회와 전환 성과를 제공하는
네이버의 콘텐츠 마케팅 상품입니다.

사이트검색광고   쇼핑검색광고   **콘텐츠검색광고**   브랜드검색   지역소상공인광고   클릭초이스플러스   클릭초이스상품광고
(파워링크 유형)   (쇼핑검색 유형)   **(파워컨텐츠 유형)**   (플레이스 유형)

네이버 콘텐츠검색광고 소개

이용자의 정보 탐색 의도가 깊은 키워드에 대해
해당 분야의 전문가인 광고주가 블로그, 포스트, 카페 등의 컨텐츠를 이용해
보다 정확하고 신뢰성 있는 정보를 제공하는 광고상품입니다.

네이버 PC/모바일 통합검색 결과 페이지의 '파워컨텐츠' 영역 및
모바일 컨텐츠 지면에 제목, 설명 등의 정보와 썸네일 이미지가 함께 노출됩니다.

파워컨텐츠 상품 소개서 다운로드 ⬇

<u>안심 유학의 기준! 감자유학</u> www.gamjauhak.com 💬
27년 교육 전문 그룹의 경력과 노하우! 결과는 당연히 남다를 것 입니다.

<u>31년 전통 YBM유학센터</u> ybmuhak.com
영국유학 및 영국어학연수전문, 등록시 YBM어학원 평생 10%할인과 다양한 혜택

<u>더보기</u> ⊟

파워컨텐츠 *Beta* '**영국유학**' 관련 광고입니다. ⓘ   <u>파워컨텐츠 등록</u> ›

 영국 예술유학 입학 정보가 궁금하다면 2018.09.04.
영국유학은 수많은 갤러리와 박물관 그리고 다양한 문화예술 공연까지 예술을 공부하는 학
생들에게 예술적 영감을 주기에 충분한 도시입니다. 또한 국가의 적극적인 예술 진흥정책과
문화예술의 교육 혜택이...
영국아트유학 http://blog.naver.com/picky82

 누구도 알려주지 않는 영국유학 방법 2018.09.20.
대부분 영국대학교 입학 준비를 위해 영국으로 떠나야만 한다고 생각합니다. 사실 준비라는
것은 어떠한 일을 행하기 전에 철저히 갖추는 것을 의미하는데 어떻게 해외에서 유학을 준
비할 수 있을까요?...
IEN INSTITUTE http://ienblog.com

 나의 내신으로 갈 수 있는 영국대학교는? 2018.11.14.
파운데이션과정은 국내 수능, 내신, 학생부,현재 영어실력으로 학생을 평가하지 않습니다.
합격자 선발 과정은 100% 면접으로 이뤄지며 영어 관심도, 학업 의지 및 계획, 인성 등을
종합적으로 평가...
디지틀 조선일보 국제교육센터 https://blog.naver.com/ukchosun

<u>더보기</u> ⊟

▲ 네이버에서 '영국 유학'을 검색해 보면 파워링크 바로 하단에 파워콘텐츠가 등장한다. 파워콘텐츠는 광고
비용을 내면 1순위 블로그로 노출할 수 있는 광고 상품이다.

단, 현재 유학, 금융, 보험, 여행, 꽃배달 등 대부분의 인기 키워드가 파워콘텐츠에 의하여 블로그 첫 화면 노출이 차단되고 있으며 이러한 보호 키워드는 계속적으로 추가되고 있다는 현실을 알아야 한다.

키워드 도구를 통해 조사해보니 월간 검색량이 상당하여 내가 직접 블로그 글을 생성한다 해도 파워콘텐츠에 밀리면 아무리 최강 콘텐츠를 만들어내도 일단은 2순위가 되는 것이다.

여러분이 검색하는 키워드의 파워링크 하단에 파워콘텐츠 광고가 붙는다면 이것은 네이버 파워콘텐츠의 보호 키워드인 것이다.

네이버 파워콘텐츠는 유료로 등록한 블로그(파워콘텐츠 또는 콘텐츠 검색광고)를 광고주가 직접 운영하는 것을 원칙으로 일정한 노출을 보장하는 콘텐츠형 광고 상품이라고 할 수 있다.

내가 생각한 키워드가 네이버에 검색하였더니 그 많던 블로그 글들이 안 보인다고 즐거워하며, 바로 그 키워드 태그를 활용하여 블로그를 작성할 경우 그 효과는 상상 이상으로 미미할 수 있다는 의미이다.

파워콘텐츠를 직접 운영하려면 인력과 상당한 비용 투입이 필요한 것이다.
웬만한 키워드는 파워콘텐츠를 피해 가기 쉽지 않기에 일단 알고는 지나가자.

네이버 modoo 만들기

네이버에서 무료로 홈페이지를 간단하게 만들 수가 있는데, 제작, 호스팅, 교육까지 무료로 제공하는 홈페이지 솔루션을 네이버 모두(modoo) 홈페이지라고 부른다.

네이버 모두 홈페이지는 일반 가게, 업체, 기관, 개인 누구에게나 모두 열려 있는 홈페이지 제작 툴이라고 할 수 있다.

소상공인이나 개인사업자, 작은 쇼핑몰을 운영하거나 준비하는 분들에게 적합하며, 간편하게 제공되는 디자인 템플릿을 통해 쉽게 만들 수 있고, 공공기관에서 홍보용 페이지로 이용하거나 영화나 공연 등의 모바일 웹페이지로도 활용되고 있다.

모두의 가장 큰 장점은 언제 어디서나 콘텐츠 업데이트와 편집이 가능하다는 점과 모든 서비스가 무료라는 점이다. 또한, 간편결제수단인 네이버 페이(스토어)와 연동돼 간편하게 전자상거래 기능을 사용할 수 있으며. 톡톡이나, 쿠폰, 방문 리포트와 같이 비즈니스 관점에서 필요한 기능도 제공한다.

또한, 일반 홈페이지 구축 시 번거로운 '네이버 검색', '네이버 지도'를 손쉽게 등록하고 노출되는 점 또한 훌륭한 부분이라고 할 수 있다.

모두 홈페이지는 개인 1인당 5개의 모두 홈페이지 만들기가 가능하며 공동 편집 기능을 이용하면 여러 명이 공동 제작 및 운영을 할 수도 있다.
모두 홈페이지 주소는 '아이디. modoo.at' 형태로 도메인이 생성된다.

로그인을 하고 홈페이지 만들기를 시작하면 친절하게 내 홈페이지에 딱 맞는 구성을 추천한다고 하면서 질문창이 뜬다. 필자는 예시로 작은 조개구잇집을 창업한다고 생각하고 아래 문답을 작성하였다. 아직 창업 초기라 사진은 5개 이하이고, 가게로 손님이 찾아와야 하기에 지도 위에 표기될 장소가 있고 네이버 블로그를 사용 중이며, 홈페이지를 통해 포장상품을 판매할 계획도 있다고 체크하였다.

2단계로 업종 분류에 꼭 맞춘 추천 템플릿을 선택하고 진행하면 간단하게 홈페이지가 만들어진다. 예시로 만드는 조개구잇집이라 음식점·카페를 선택하고 확인을 눌러 준다. 만약 펜션 홈페이지를 간단하게 만든다고 가정하면 숙박·캠핑장을 클릭하면 된다. 업종 선택에 따라 기본 템플릿이 만들어지는데 만들어진 이후에도 얼마든지 추가 삭제는 가능하니 걱정할 필요는 없다.

위에서 업종에 따른 추천 템플릿에 의하여 아래와 같이 네이버 모두 편집화면이 열리게 된다. 상단부분이 생성된 페이지들인데 홈, 메뉴, 내부시설, 쿠폰, SNS, 방문 후기, 예약문의, 게시판, 오시는 길 등 총 9개의 페이지 메뉴가 생성되었다. 생성된 페이지보다 페이지를 더 추가하려면 우측의 페이지 추가를 클릭하고 페이지를 삭제하려면 상단 메뉴 이름 마크를 클릭하면 페이지 삭제를 할 수 있다.

다음 과정은 바로 모두 홈페이지 제작의 필수과정인 상단의 정보 수정을 클릭하면 된다. 상단의 정보 수정을 클릭하면 팝업 화면이 열리는 데 홈페이지 오픈에 꼭 필요한 정보와 검색 정보를 입력하여야 한다. 홈페이지 명은 예시로 진행 중인 세종 조개구이, 인터넷 주소는 sejongseafood 그리고 홈페이지 설명과 분류에서 업체 홈페이지 식당을 선택하였다. 대표 이미지는 가게로 고 마크 또는 대표 메뉴 사진을 준비하여 업로드해 준다.

홈페이지 주소는 설정한 http://sejongseafood.modoo.at 가 되며, 개인 도메인을 구매한 후 연결할 수도 있다.

홈페이지 필수 정보를 입력하고 난 후에는 하단의 기본 편집 작업을 해 주어야 한다. 디자인적으로 가장 중요한 작업이 바로 홈 배경 이미지 부분인데 매장 배경 사진을 준비한 후 이미지 올리기로 올려주면 되는데 1개에서 4개까지 올릴 수 있다. 그다음으로 소개 글을 써주고 버튼을 편집하여 전화, 예약, 오시는 길, 메뉴 등의 페이지와 연결해 준다.

블로그를 개설하고 만들 때와 마찬가지로 모두 홈페이지도 회사나 가게의 로고마크, 회사 관련 사진, 제품 사진, 동영상을 미리 준비한 후 제작하면 손쉽게 홈페이지를 만들 수 있다.

네이버 모두 홈페이지의 또 하나 장점은 만드는 순간 네이버 웹마스터 도구를 이용하여 홈페이지를 등록하지 않아도 네이버 검색의 웹사이트에 쉽게 노출할 수 있다.

네이버 모두 홈페이지를 수십만 원에 제작해 주는 대행사도 많은 데 자신이 직접 홈페이지를 만들어보고 주변의 지인들에게 네이버 모두로 홈페이지를 만들어 선물할 수도 있다.

네이버 modoo홈페이지 만들기

① 네이버 modoo홈페이지를 만들려면 먼저 www.modoo.at 에 접속하거나 네이버 검색창에 '네이버 모두'라고 검색하면 된다. 오른쪽 상단에 로그인 클릭하고 바로 만들기를 시작해도 되고 사용방법 영상 보기를 먼저해도 상관없다.

② 로그인을 하고 홈페이지 만들기를 시작하면 아래와 같이 질문창이 뜬다. 예시로 작은 조개구이집을 창업한다고 가정하고 아래 문답을 작성하였다. 아직 창업초기라 사진은 5개 이하이고, 가게로 손님이 찾아와야 하기에 지도 위에 표기될 장소가 있고 네이버 블로그를 사용중이며, 홈페이지를 통해 포장상 품을 판매할 계획도 있다고 체크하였다.

③ 2단계는 업종분류를 선택하는 단계인데 예시로 조개구이집이니 음식점·카페를 선택하고 확인을 눌러준다. 만약 펜션 홈페이지를 간단하게 만든다고 가정하면 숙박·캠핑장을 클릭하면 된다. 업종선택에 따라 기본 템플릿이 만들어 지는데 만들어진 이후에도 얼마든지 추가 삭제는 가능하니 걱정할 필요는 없다.

④ 위에서 업종에 따른 추천 템플릿에 의하여 네이버 모두 편집화면이 열리게 된다. 상단 부분이 생성된 페이지들인데 홈, 메뉴, 내부시설, 쿠폰, SNS, 방문후기, 예약문의, 게시판, 오시는 길 등 총 9개의 페이지 메뉴가 생성되었다. 생성된 페이지보다 더 추가하려면 우측의 페이지 추가를 클릭하고 페이지를 삭제하려면 상단 메뉴이름 옆의 ⚙를 클릭하면 페이지삭제를 할 수 있다. 다음은 바로 필수과정인 상단의 ⚙정보수정을 클릭하면 된다.

⑤ 상단의 ⚙ 정보수정을 클릭하면 다음과 같이 팝업화면이 열리는 데 홈페이지 오픈에 꼭 필요한 정보와 검색 정보를 입력하여야 한다.

홈페이지명은 예시로 진행중인 세종조개구이, 인터넷주소는 sejongseafood 그리고 홈페이지설명과 분류에서 업체 홈페이지 식당을 선택하였다. 대표이미지는 가게로고마크 또는 대표 메뉴사진을 준비하여 업로드해 준다.

⑥ 홈페이지 필수 정보를 입력하고 난 후에는 하단의 기본편집 작업을 해 주어야 한다.

디자인적으로 가장 중요한 작업이 바로 홈 배경 이미지부분인데 매장 배경사진을 준비한 후 이미지올리기로 올려주면 되는데 1개에서 4개까지 올릴 수 있다.
그 다음으로 소개글을 써주고 버튼을 편집하여 전화, 예약, 오시는 길, 메뉴 등의 페이지와 연결해 준다.

네이버 스마트스토어

네이버 스마트스토어는 네이버가 만든 쇼핑몰 플랫폼이다.

네이버가 만든 쇼핑 플랫폼은 이름만 해도 2012년 3월에 시작한 '숍N'에서 2014년 5월 '스토어팜'으로 다시 2018년 2월부터 '스마트스토어'로 3번이나 바뀌었다.

네이버 스마트스토어는 쇼핑몰과 블로그의 장점을 결합한 형태의 쇼핑몰이며, 디자인에 익숙하지 않은 초보 판매자도 누구나 쉽게 만들 수 있도록, 다양한 스킨과 배너가 무료로 제공된다.

네이버는 간편결제 시장에서 연간 7조 원을 차지하는 네이버 페이라는 엄청난 무기를 가지고 쿠팡, 위메프, 티몬의 연간 거래액을 능가하고 있다. 2017년 12월 통계청 발표 기준으로 네이버 쇼핑의 연간 거래액은 20조 원에 이른다.

네이버 스마트스토어의 수수료는 2019년 1월 현재까지 입점 수수료와 판매수수료는 무료이나, 네이버 쇼핑과 연계된 매출연동은 2% 수수료를 부과하고 있다.

▲ 네이버 스마트스토어는 쇼핑몰과 블로그의 장점을 결합한 형태의 쇼핑몰이며, 디자인에 익숙하지 않은 초보 판매자도 누구나 쉽게 만들 수 있도록, 다양한 스킨과 배너가 무료로 제공된다.

▲ 판매자 유형 선택에서 개인도 판매자 등록은 가능하다. 사업자 판매회원은 사업자 구분(개인사업자 또는 법인사업자)에 따라 필요한 서류를 제출하고 네이버의 승인을 받아야 최종 판매자 가입 처리가 된다.

또한 네이버는 네이버 페이를 통하여 PG 사업을 확대하고 있는데, PG(Payment Gateway)사는 신용카드사와 가맹점 계약을 직접 체결하는 것이 곤란한 중소 쇼핑몰을 대신해 카드사와 대표 가맹점 계약을 맺고 신용카드 결제 및 지불을 대행한 뒤 하부 쇼핑몰에서 수수료를 받는 업체이다.

네이버 스마트스토어 판매자로의 입점은 국내 개인회원, 국내 사업자(개인사업자, 법인사업자), 국외 거주 판매회원 형태로 가입할 수 있다. 사업자등록을 하지 않아도 개인 판매자로 등록하고 판매가 가능하다. 개인 판매자로 활동하고 싶을 경우 연간 매출이 2400만 원을 초과할 경우에는 간이사업자로 전환하여야 한다.

국내 사업자 판매회원은 사업자등록증을 보유하고 전문적으로 판매활동을 하는 법인 또는 개인사업자이다. 사업자 회원은 반드시 통신판매업 신고증을 제출하여야 하는데 통신판매업 신고증은 구매안전서비스 이용 확인증을 발급받고 난 후 정부민원포털 민원24(www.minwon.go.kr)에서 온라인 신청이 가능하다.

사업자 판매회원은 사업자 구분(개인사업자 또는 법인사업자)에 따라 필요한 서류를 제출하고 네이버의 승인을 받아야 최종 판매자 가입 처리가 된다.

네이버 스마트스토어에서 건강 기능식품을 판매하는 경우에는 건강기능식품 판매업 신고증을, 의료기기를 판매하는 경우 의료기기 판매업 신고증을 반드시 제출하여야 한다.

스마트스토어의 판매자로 등록하기 위해서는 등록 서류의 문제가 아니라 무엇을 팔 것인가이다. 온라인 쇼핑몰에 대한 이야기는 Part6에서 다시 자세히 다루기로 한다.

무료, 유료 이미지

온라인 채널을 구축하면서 왜 사진, 이미지(image)에 대하여 알고 가야 하는가?이미지란 '마음속에 언어로 그린 그림'(mental picture, word picture)으로 정의된다고 문학비평 자료사전에 기술되어 있다.

마케팅을 위한 이미지(image) 편집을 단순히 그림 편집이라고 접근하는 것이 아닌 고객의 마음을 사로잡는 필수 작업이라고 생각하면 좋을 것 같다.

오늘도 수많은 마케터들의 판촉 기획으로 다양한 팝업 이미지와 프로모션 이미지들이 매혹적인 손짓으로 우리를 유혹하고 있다. 이러한 프로모션을 효과적으로 진행하기 위해서는 첫인상이 고객의 유입을 좌우한다고 볼 수 있다. 홈페이지의 팝업이나 배너 이미지, 상세페이지 등의 이미지가 여러분의 회사 이미지인 것이다.

이미지 편집을 전문으로 일하는 사람을 그래픽디자이너 또는 웹디자이너라고 말한다. 대기업 또는 대형 쇼핑몰에서는 수많은 그래픽디자이너가 투입되어 프로젝트가 진행되지만 디자이너를 만나기조차 쉽지 않은 지방의 중소기업이나 소형 쇼핑몰 운영자는 간단한 디자인은 직접 배워서 운영할 수 밖에 없다.

다행히도 이러한 이미지 작업을 위한 기본적인 이미지, 즉 템플릿을 판매하는 사이트가 국내외에 다수 등장하였다. 저작권 걱정 없이 무료로 제공하는 곳도 있고, 몇 천 원에서 몇 만 원만 투자하면 직접 촬영하기 힘든 이미지와 디자인 소스(로고마크, 고해상도 사진, 일러스트, 동영상 등)를 구입할 수 있다.

무료로 이미지 다운로드가 가능한 픽사베이(www.pixabay.com)도 있고, 유료이지만 더욱 다양한 이미지를 검색하여 적은 비용으로 구입할 수 있는 사이트가 바로 123rf.com이다.

무료 사이트와 유료사이트의 큰 차이점은 인물이 들어간 사진은 무료 사이트에서는 초상권 문제로 구하기가 쉽지가 않고 유료사이트에서는 초상권 및 저작권이 확보된 이미지를 저렴한 비용을 주고 구입하여 사용할 수 있다.

123rf.com와 같은 유료사이트에서 인물 컷을 구입할 경우 모델료와 촬영 비용이 상당한 인물 컷을 최소 크기로 구매하면 2크레디트(약 2500원)으로 안전하게 사용이 가능하다.

포털사이트에서 검색되는 어떠한 이미지도 저작권 걱정 없이 무상으로 사용할 수 있는 경우는 거의 없다. 안전한 이미지 전문 사이트를 잘 활용하면 많은 비용을 절감할 수 있다.

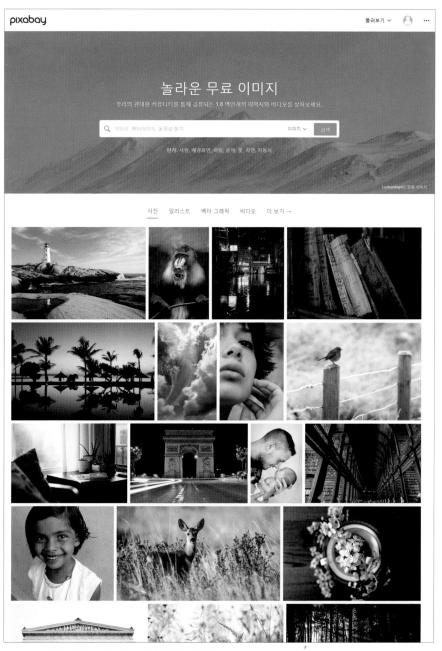

▲ 위의 무료로 이미지 다운로드가 가능한 픽사베이(www.pixabay.com).
사진, 일러스트, 벡터 그래픽, 비디오 클립까지 다양한 이미지와 영상을 무료로 다운받을 수 있다.

촬영을 위한 장비들

맛있는 요리를 만들기 위해서는 신선하고 다양한 재료를 잘 씻고 다듬어서 갖은 양념과 함께 요리 테이블에 준비하는 과정이 필요한데 이미지 편집 작업과 유사하다고 할 수 있다.

앞 장에서 구매를 통하여 배경 이미지, 일러스트 이미지, 아이콘 등을 준비하고 이번에는 메인 상품인 제품 촬영을 준비해야 하는데 이러한 제품을 촬영하는 방법을 알아보자.

최선의 방법은 전문적인 제품 촬영 스튜디오를 활용하는 방법이다. 전문적인 촬영 장비와 조명, 스튜디오에서 사진 전문가가 촬영을 한다면 제품의 이미지는 최상으로 만들어 낼 수 있다.

그러나 비용적 측면이나 지역적인 문제가 있을 경우 직접 제품을 촬영하여 준비하는 방법도 고민해 보아야 한다. 수많은 상품을 판매해야 할 쇼핑몰을 운영하거나, 수시로 제품을 업로드하고 변경, 수정하는 오픈마켓의 경우 자체 스튜디오를 구축 운영하는 것이 비용을 줄이는 방법인 것이다.

▲ 좋은 제품이미지를 촬영하기 위해서는 전문적인 제품촬영 스튜디오를 활용하는 방법이다. 전문적인 촬영장비와 조명, 스튜디오에서 사진전문가가 촬영을 한다면 제품의 이미지는 최상으로 만들어 낼 수 있다. 그러나 문제는 항상 상당한 비용이다.

▲ 네이버쇼핑에서 '포터블 미니스튜디오'를 검색해 보자. 소형 LED조명을 이용한 포터블 미니스튜디오 세트가 최저 2만원대부터 몇 십만원이면 구입이 가능하다. 이 정도면 제품촬영에 간편하게 사용할 만한 미니스튜디오를 구축할 수 있다.

최근 소형 LED 조명을 이용한 포터블 미니 스튜디오 세트가 최저 2만 원대부터 몇 십만 원이면 구입이 가능하다. 이 정도면 제품 촬영에 간편하게 사용할 만한 미니 스튜디오를 구축할 수 있다.

자신의 경쟁상품들은 어떠한 이미지와 세팅으로 쇼핑몰에 노출되고 있는지 검색도 해보고 야외촬영, 실내촬영, 이미지 세팅 촬영 등의 고민도 해 보아야 한다.

직접 제품 촬영을 위해서는 카메라가 필요하다. 사진촬영이나 영상 촬영이 모두 되고, 렌즈교환이 가능한 DSLR(Digital Single-Lens reflex) 카메라가 최선이기는 하나 비용적인 면이 고민된다면 렌즈는 고정이고 DSLR과 기능은 거의 유사하며 가격은 비교적 저렴한 하이엔드(Hi-End) 카메라를 구입하여 사용할 수도 있다.

필자의 경우 과도한 비용으로 DSLR 카메라를 구입하고는 무게와 이미지 전송 등이 불편하여 결국 스마트폰으로 촬영하는 업체를 본 경우도 있다.

요즘에는 최신 스마트폰 카메라의 포커스 된 피사체의 뒷 배경을 날리는 기능으로 제품이나 인물을 찍어보면 DSLR 카메라 못지않은 상당한 화질을 가진 스마트폰도 등장하고 있다.

좋은 이미지는 장비도 많은 부분을 차지하지만 스토리에 따라 달라지기도 한다. 스토리는 촬영된 이미지를 단편적으로 느끼는 것이 아닌 감정이 삽입된 이미지를 말한다. 단순히 사과 하나를 찍기 보다 이야기를 담은 사진이 중요한 것이다.

오른쪽의 사과 이미지 2가지를 보면 위의 이미지처럼 단순히 사과를 하얀 배경지 위에 놓고 찍으면 평범한 상품 이미지이지만 아래 그림처럼 사과 생산자가 직접 야외에서 사과나무를 배경으로 손 위에서 정직하고 정성스럽게 재배한 사과라고 이야기를 한다면 훨씬 소비자가 공감할 수 있는 이미지가 되는 것이다.

경쟁자들을 이기려면 이미지 촬영에도 진정성 있는 스토리를 담아 촬영하면 강력한 무기가 될 수 있다.

▲ 여러분이 사과를 온라인에서 팔고 싶다면 사과 제품을 촬영하여야 한다. 깨끗한 배경지 위에 사과 3개를 놓고 조명장치를 이용하여 DSLR카메라로 촬영한다면 위와 같은 이미지는 얻을 수 있다.

▲ 별다른 조명장치가 없어도 햇볕이 좋은 날, 여러분의 농장에서 방금 수확한 건강한 잎이 붙어 있는 사과를 손 위에 올려놓고 스마트폰으로 촬영을 해 보자. 이미지는 결국 의미있는 스토리로 만들어져야 하며 그런 이미지는 소비자에게 강력한 메세지를 전달할 수 있다.

또한 더 멋진 제품 이미지 촬영을 위해서는 조명장치가 필요하다. 이후에 유튜브 영상 제작까지 감안하여 가성비가 뛰어난 조명장치를 알아보면 생각보다 좋은 장비가 많다. 필자도 유튜브 크리에이터가 되기 위해 가성비가 뛰어난 10만 원대 조명장치를 구입하였는데 생각보다 품질이 훌륭하여 매일매일 감탄하고 있다.

픽슬러 에디터(www.pixlr.com/editor)는 '오토캐드'로 유명한 미국의 오토데스크사에 개발한 이미지 편집을 하기 위한 그래픽 소프트웨어로 모든 기능이 무료로 제공되지만 오른쪽에 광고가 등장하는 약간의 불편함은 있다.

픽슬러 에디터 편집하기

앞 장에서 소개한 픽슬러 에디터(www.pixlr.com/editor)는 최근에 광고 없이 사용 가능한 Pixlr Pro를 발표하고 더욱 정교해지면서 월 5달러, 3개월 12달러의 유료 프로그램도 출시하였다.

지금부터 무료 프로그램인 픽슬러 에디터로 제품 이미지 수정하는 방법을 차근차근 배워보기로 하자.

가장 먼저 해야 할 일은 이미지를 준비해야 한다.

준비할 사진은 무료 이미지를 구할 수 있는 픽사베이(www.pixabay.com)에서 '마카롱'을 검색하여 다운로드한 이미지를 사용하였다. 픽사베이에서 검색한 마카롱 사진을 바탕화면에 다운로드해 준비한다. 이때 무료 다운로드를 클릭하면 해상도 선택이 나오는데 세 번째인 1920 X 1153px를 다운로드한다.

이것은 가로가 1920pixel, 세로가 1153pixel이라는 의미인데 웬만한 쇼핑몰 상세페이지의 큰 이미지도 가로 사이즈가 1900pixel을 초과하는 경우는 없다.

픽슬러 에디터로 이미지 편집하기 1

① 픽사베이(www.pixabay.com)에서 '마카롱'을 검색하여 다운받은 이미지를 사용하였다. 검색한 마카롱 사진을 바탕화면에 다운로드 받아 준비한다. 첫 번째 이미지를 클릭하고 무료 다운로드를 누르면 해상도 선택이 나오는데 세번째인 1920 X 1153 을 다운받아 준비한다.

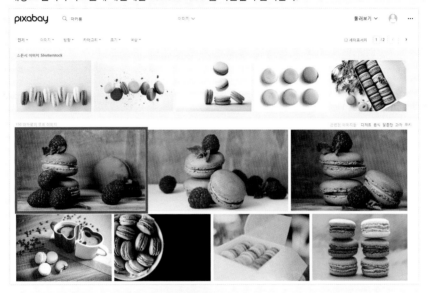

② 인터넷 브라우저 주소창에 www.pixlr.com/editor 로 접속하여 픽슬러를 열어 준다. 픽슬러는 Flash기반이라 Flash Player가 필요하다는 영문이 뜰 경우 실행해 주면 된다. 위의 과정에서 다운받아 놓은 마카롱이미지를 컴퓨터로부터 이미지 열기를 클릭하여 바탕화면에서 찾아 열면 된다.

다음 단계는 픽슬러에 접속하는 것이다. 인터넷 주소창에 pixlr.com/editor로 접속하여 픽슬러 에디터를 열어 준다. 픽슬러는 웹 애플리케이션이라 설치와 로그인이 필요 없다. 픽슬러는 Flash 기반이라 Flash Player가 필요하다는 영문이 뜰 경우 실행해 주면 된다.

픽슬러에서는 이미지를 여는 방법은 3가지가 보이는데 컴퓨터로부터 이미지 열기를 클릭하여 바탕화면에 저장된 마카롱을 찾아 열면 된다. 픽슬러에서 이미지가 열면 포토샵의 인터페이스와 거의 유사한 느낌을 받는다. 그림의 왼쪽 하단을 보면 현재 그림의 해상도가 숫자로 표시된다.

이 마카롱 이미지를 자신이 직접 찍은 사진이라고 가정하고 현재보다 조금 밝고 컬러가 더 선명하게 만들어 보자. 이러한 작업을 이미지 보정, 컬러 보정이라고 한다. 바탕화면에 다운로드한 마카롱 이미지를 열고 이미지의 밝기를 먼저 조정해 보자. 찍은 사진이 조금 어두워 보이는 경우 이러한 밝기 보정을 가장 먼저 해주게 되는데 초보자가 가장 하기 쉬운 작업이다.

상단의 조정이라는 메뉴를 클릭하면 하단 바로 첫 번째 메뉴 '밝기 & 명암대비'클릭하면 조절창이 뜬다. 밝기는 이미지 전체를 밝거나 어둡게 조절할 수가 있고 명암대비는 밝고 어둡기를 더 대비시켜 또렷하게 해주는 느낌을 준다. 밝기는 5, 명암대비는 11로 조정해 본다. 미세한 차이라고 느낄 수도 있지만 내가 찍은 사진을 밝기와 명암대비 조정만으로도 선명도를 조금 잡을 수 있다.

이번에는 밝기와 명암대비로 조정한 이미지를 가지고 '색상 & 채도'를 조정해 본다. 색상은 분홍색 마카롱과 산딸기를 푸른 계열로도 바꿀 수도 있는 전체 색상을 바꾸는 기능이고 채도는 색을 더 다채롭게, 명도는 맑거나 조금 탁하게 하는 기능이다.

채도의 숫자를 15, 명도는 -2를 입력하고 확인을 클릭한다. 최종 보정한 이미지와 처음 다운로드한 이미지를 비교해 보자.

③ 바탕화면의 마카롱 이미지를 열고 이미지의 밝기를 먼저 조정해 보자. 상단의 조정이라는 메뉴를 클릭하면 하단 바로 첫번째 메뉴 '밝기 & 명암대비'클릭하면 조절창이 뜬다. 밝기는 이미지전체를 밝거나 어둡게 조절할 수가 있고 명암대비는 밝고 어둡기를 더 대비시켜 또렷하게 해주는 느낌을 준다. 밝기는 5, 명암대비는 11로 조정해 본다.

④ 아래 이미지는 픽사베이에서 다운받은 원본사진(왼쪽)과 위의 과정에서 밝기와 명암대비를 조정한 이미지(오른쪽)이다. 미세한 차이라고 느낄 수도 있지만 내가 찍은 사진을 밝기와 명암대비 조정만으로도 선명도를 더 줄 수 있다.

⑤ 원본이미지를 가지고 이번에는 '색상 & 채도'를 조정해 본다. 색상은 분홍색 마카롱과 산딸기를 푸른 계열로 바꿀 수도 있는 전체 색상을 바꾸는 기능이고 채도는 색을 더 다채롭게, 명도는 맑거나 조금 탁하게 하는 기능이다. 채도의 숫자를 15, 명도는 -2를 입력하고 확인을 클릭한다.
최종 보정한 이미지와 처음 다운받은 이미지를 비교해 보자.

대부분의 촬영 이미지는 밝기, 명도, 채도, 대비 등의 수정 과정을 거쳐서 탄생한다. 촬영 후 이러한 보정 과정을 거쳐서 실물보다 더 깨끗하고 선명한 이미지를 만들어 내기도 한다. 최종적으로 픽슬러에서 컬러 보정이 끝나면 저장을 잘 해 주어야 한다.

픽슬러는 웹 기반 프로그램이기 때문에 작업하는 컴퓨터의 메모리가 부족하거나 성능이 너무 저사양일 경우 저장에서 에러가 나는 경우가 가끔 있다. 저장하는 방법은 상단의 파일 메뉴를 클릭하고 아래 저장을 클릭하면 된다.

저장을 클릭하면 메뉴가 뜨면서 파일 이름과 저장 형식을 묻는데 JPEP(대부분의 사진에 적합)을 선택하고 아래의 파란색 확인을 누르면 된다.

이 과정이 끝이 아니라 실제로 어디에 저장할 것인가 하는 다른 이름으로 저장 윈도우창이 열리고 파일명과 위치를 지정해 주면 저장이 완료된다.

필자는 포토샵을 25년 가까이 다루고 강의를 위해 픽슬러를 가끔 사용하는데 색상 보정 기능은 포토샵과 비교하여 전혀 손색이 없다.

다음은 조금 전문가적인 이미지톤 조정인데 상단의 메뉴 조정을 클릭하고 레벨 메뉴를 선택해 보자. 이 레벨 보정은 입력 레벨에서 이미지의 밝은 톤, 중간 톤, 어두운 톤을 좀 더 세밀하게 작업할 수 있다. 다음 인물사진으로 실전 연습을 해 보도록 하자.

최근 스마트 기기의 진화와 네트워크의 속도 변화로 인해 SNS에서 동영상이 가장 주목받는 매체로 떠오르고 있다. 이제 Blog시대가 아니라 Vlog(Video+Log)의 시대가 현실로 왔다.
이제 일상을 동영상으로 기록하고 공유하는 일이 더욱 많아질 것이다.

픽슬러 에디터로 이미지 편집하기 2

① 픽슬러의 레벨기능을 이용하여 인물사진의 밝은 곳과 중간 톤은 건드리지 않고 어두운 곳을 미세하게 조정해 보자. 실제로 이미지의 전체 밝기를 조정하지 않고 머리카락 부분이 뒷 배경에 묻혀 잘 보이지 않을 때 레벨을 사용한다.

먼저, 픽사베이(www.pixabay.com)에서 '어린이'를 검색하여 세번째 어린이 사진을 클릭한다.

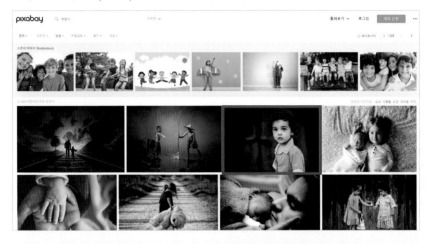

② 검색한 이미지를 클릭하면 상세페이지가 열리는데 오른쪽 중앙의 무료 다운로드를 누르면 해상도 선택이 나온다. 세번째인 1920 X 1290 JPG 파일을 바탕화면으로 다운받아 준비한다.

③ 픽슬러로 들어가서 컴퓨터로부터 이미지열기로 바탕화면에 다운받은 어린이 이미지를 열어 준다.

어린이의 이미지를 보면 머리카락 부분과 뒷 배경이 모두 어두워 밝은 부분은 유지하고 레벨을 이용하여 전체 톤을 조금 밝게 만들어 보려 한다. 상단메뉴 조정에서 레벨을 클릭하여 준다.

레벨창이 뜨고 히스토그램이라는 밝기분포도가 나오는데 왼쪽으로 몰려 있다. 입력 레벨의 중앙 숫자 부분 0(어두운 톤), 1.00(중간 톤), 255(밝은 톤) 숫자위 삼각형을 움직여 조정해 본다.

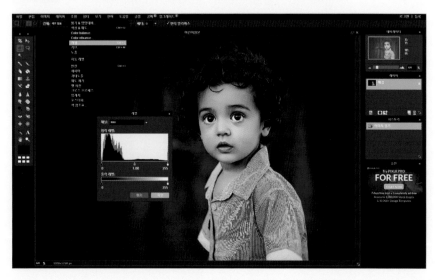

④ 입력 레벨의 삼각형을 움직여 어두운 톤 12, 중간톤 0.9, 밝은톤 234로 조정을 해 보자.

아래 중앙은 원본 사진이고 오른쪽은 레벨로 조정한 이미지이다. 미세한 차이지만 어린이의 얼굴에 생기가 조금 더 돌고, 맑은 느낌이 느껴진다면 당신은 디자이너가 될 소질이 다분히 있다.

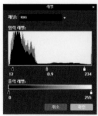

⑤ 레벨값을 과감하게 조정해 보면 몽환적인 특수이미지의 컷으로 만들어 볼 수도 있다.
레벨보정은 전체적인 색톤이 아닌 빛의 3원색인 RGB값(빨강, 녹색, 파랑) 개별적으로도 조정도 가능
하다.

레벨입력 54/0.32/196

레벨입력 89/2.97/146 출력 177/255

레벨입력 34/7.57/98 출력 162/255

동영상에 대하여

네이버와 구글 등의 주요 검색 엔진들은 일반 웹 페이지뿐 아니라 동영상, 이미지, 뉴스, 지도 등을 검색 결과 모두에 표시하는 통합 검색 형태를 채택하고 있다.

네이버에서 블로그를 작성할 경우에도 이미지와 텍스트 만으로 작성한 콘텐츠보다 동영상이 첨부된 블로그가 상위 노출될 가능성이 더욱 높다.

동영상을 제작하기에 앞서 우리는 어떤 이야기로 많은 사람들에게 공유가 일어나도록 할 것인가 하는 기획을 심도 있게 논의하여야 한다.

대부분의 사람들은 동영상을 보는 이유가 짧은 시간에 영상을 통해 재미있는 내용이나 교육적인 정보를 원한다. 온라인에서 공유되는 영상의 대부분은 최소한 재미 또는 정보를 반드시 포함하고 있다. 인기가 없는 유튜브 영상은 대부분 재미도 없고 정보도 없는 경우가 대다수이다.

그렇다고 재미와 정보가 들어간 멋진 동영상 제작을 위해 고가의 영상 장비를 구입하거나 외주업체를 섭외해야 할 필요는 없다.

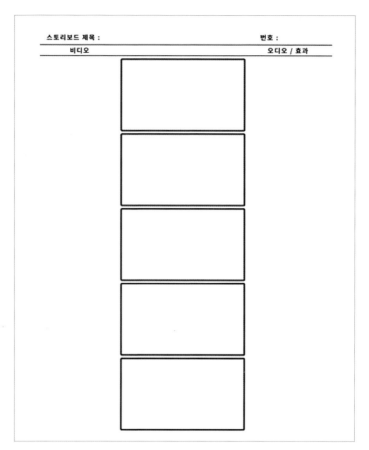

▲ 간단한 스토리보드 작성 양식이다. 왼쪽에는 촬영할 비디오 이미지에 대한 설명, 오른쪽에는 오디오 또는 효과를 쓴다. 가운데 사각형안에는 촬영자나 다른 스탭이 알아볼 수 있도록 그림을 그려준다. 그림실력이 부족해도 의도만 이해시키면 된다.

가장 중요한 부분은 장비가 아닌 스토리 기획이라고 할 수 있다. 잘 짜인 기획과 스토리는 많은 사람들에게 공감을 줄 수 있다.

동영상을 찍기 전에 위의 영상 스토리보드 양식을 이용하여 간단하게라도 아이디어와 대사, 음향, 흐름을 기획하고 촬영을 하면 더욱 멋진 결과물을 기대할 수 있다.

동영상 제작하기

스마트폰이나 간단한 촬영 장비를 가지고 영상을 찍은 후 필요 없는 부분을 잘라내고 자막과 음향을 입히는 작업이 바로 동영상 편집 작업이다.

동영상 편집의 가장 기본 3요소는 영상 자료, 음향(음악), 그리고 자막이다.

동영상 편집의 기본적인 순서는 먼저 촬영한 전체 영상을 시사하며 필요 없는 부분을 자르고 붙이는 가편집이 필요하다. 사전 제작 시 기획했던 대본이나 구성안의 순서대로 붙이는 작업이며 효과음이나 음악을 넣지 않고 계획한 이야기가 잘 전달되도록 촬영이 빠짐없이 되었는가를 확인하는 작업이다.

이후 비디오 이펙트, 타이틀 자막, 효과음, 배경음악 등을 모두 넣어서 작업하는 종합편집의 과정을 거친다.

이러한 동영상 편집 프로그램은 가장 쉽게는 윈도우에서 제공하는 무비메이커, 애플사의 아이무비, 곰믹스 등이 있다.

오른쪽의 차근차근 따라하기로 무료 영상편집 소프트웨어인 곰믹스(www.gomlab.com/gommix-video-editing)를 활용하여 '성공에 대한 명언 10가지'라는 주제로 멋진 동영상을 만들어 보자,

곰믹스로 동영상 제작하기

① 포털사이트에서 '곰믹스'를 검색하여 설치한다. 곰믹스를 설치하고 나서 실행하면 다음과 같은 화면이 열리면 동영상을 제작할 수 있는 단계이다. 맛있는 요리를 할 조리대앞에 서 있는 것이다.
이제 요리의 재료인 비디오, 오디오, 자막/이미지를 준비해야 한다. 하단의 타임라인 아래 보인다.

② 위의 3가지 재료를 구하기 전에 어떤 영상을 만들 것인가를 결정해야 한다. 이번 동영상예제 실습은 '성공에 대한 명언 10가지'로 정하고 멋진 명언 10가지를 모아 본다. 이 10가지 명언의 텍스트가 바로 자막이 된다. 비디오는 사진으로 준비하는데 멋진 명언의 배경이 될 이미지를 픽사베이에서 '배경'으로 검색하여 10컷을 미리 다운로드 받아 준비한다.

151

③ 성공에 대한 명언 10가지는 Google문서 또는 자신이 편한 프로그램에 입력해서 준비한다.
복사해서 곰믹스에 바로 가져갈 수 있도록 문서를 열어 놓는다.

④ 비디오소스, 자막소스가 준비되었다면 이제 영상의 배경음악으로 사용될 오디오소스를 준비해야
한다. 배경음악은 '유튜브 오디오 라이브러리 www.youtube.com/audiolibrary/music'에 가서 검색
하면 음악을 들어보고 다운로드가 가능한데 저작권 걱정없이 무료사용이 가능하다.
첫번째로 보이는 'Memory_Card_Full' 음악을 바탕화면의 '동영상제작'폴더로 다운받는다.

⑤ 자막, 배경이미지, 오디오 3가지가 모두 준비되었다면 곰믹스화면의 오른쪽 상단의 파일 추가 버튼을 클릭하여 모든 소스를 곰믹스로 불러 들여야 한다. 이 때 동영상제작을 위해 바탕화면에 새로운 폴더를 하나 만들어 한 곳에 모아서 관리하는 것이 이후 작업에도 편리하다.

⑥ 모든 소스를 파일추가로 하게 되면 아래 그림과 같이 소스리스트에 배경음악과 배경이미지 10개가 보이고 최하단의 타임라인에 비디오, 오디오가 자동으로 추가되어 있다. 배경음악이 깔리고 배경 그림마다 자동으로 5초 설정이 되어 50초짜리 영상이 만들어져 있다. 키보드 스페이스바를 눌러보자.

영상제작에 있어서 배경오디오, 배경사진, 자막 등이 잘 준비되면 곰믹스 뿐만 아니라 윈도우 무비메이커, 파워포인트로도 영상제작이 가능하다. 영상제작 전문가들이 사용하는 전문가용 프로그램들도 위의 곰믹스 영상편집화면 인터페이스와 유사하다.

⑦ 이제 타이틀과 자막을 넣어 보자. 타이틀은 영상전체의 제목을 이야기하며 첫 장면에 등장해야 한다. 오른쪽 상단 파일추가 탭 옆에 자막 추가를 클릭하고 타이틀을 입력한다. 입력하면 왼쪽에 미리보기에 타이틀이 보인다. 타이틀은 0초에서 5초까지만 설정한다.

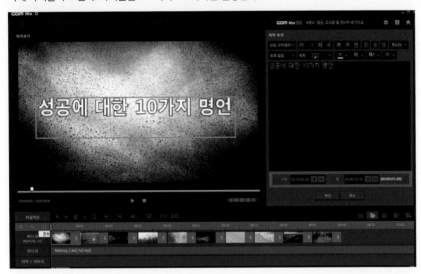

⑧ 이제 타이틀 다음의 성공에 관한 명언 1의 자막을 입력한다. 자막은 자신의 컴퓨터에 설치된 한글서체 모두를 사용할 수 있으며 아래 예시는 나눔손글씨펜, 글씨크기 65포인트, 가운데정렬, 곰믹스에서 제공하는 Style을 이용하여 아래와 같이 디자인하였다. 이 자막은 5초 01에 등장하여 10초까지로 설정한다. 이런 방식으로 성공에 관한 명언 나머지 9개를 모두 자막으로 생성한다.

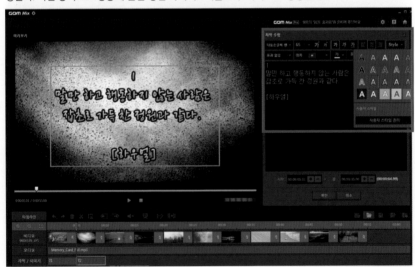

자막은 등장효과를 설정할 수 있는데 '서서히 커지면서 나타나기', '깜박이며 나타나기' 등의 효과를 사용할 수 있다. 타이틀 포함 총 11컷의 다양한 장면전환 효과도 적용해 보고 명쾌하고 읽기 좋은 자막을 자유롭게 디자인하여 배치한다.

⑨ 곰믹스는 화면마다 자유롭게 이미지를 삽입할 수 있는 것이 큰 장점이다. 오른쪽 상단의 이미지 추가 버튼을 클릭하면 곰믹스에서 제공하는 다양한 이미지를 크기, 위치를 지정하여 삽입할 수 있다. 이외에 내가 원하는 로고나 이미지를 삽입하려면 배경이 투명한 PNG파일을 준비해서 삽입하면 된다.

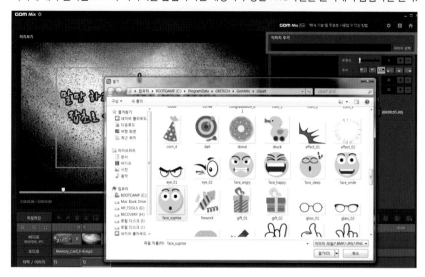

⑩ 최종적으로 자막과 이미지를 삽입하고 스페이스바를 눌러 테스트를 거친 후 오른쪽 하단의 인코딩 시작 빨간 버튼을 클릭하면 인코딩이 시작된다. 인코딩이란 편집화면 상태인 프로젝트를 완성된 영상 파일 형식인 MP4로 저장해 주는 최종 과정이다. 저장 경로는 동영상제작 폴더로 지정해 준다.

이렇게 작업한 동영상편집은 혹시 모를 수정에 대비하여 최종 인코딩된 MP4파일 이외에 프로젝트파일도 저장해 두어야 수정이 가능하다. 곰믹스에서 다시 수정이 가능한 파일형식은 확장자가 .grp상태인 파일이다. 동영상편집 폴더에 같이 보관해야 수정이 용이하다.

유튜브채널 개설하기

최근 유튜버(Youtuber)라고 해서 유튜브상에서 활동하는 인기 업로더들이 화제가 되고 있다. 유튜버는 유튜브 크리에이터라고 할 수 있으며 자신이 만든 영상을 업로드하는 사람을 말한다. 유튜버는 기획의도에 따라 다양한 유형이 있다.

게임을 플레이하면서 리뷰를 하거나 리액션을 하는 유형의 게이머(Gamer), 제품이나 시설 등을 관찰하고 리뷰하는 유형의 리뷰어(Reviewer), 짧은 단면 코미디 영상을 올리는 스키즈(Skits), 영상의 구석에 자신의 얼굴을 찍고 있는 카메라 영상을 올리고, 메인화면에서는 게임과 같은 콘텐츠를 플레이하는 페이스캠 등 기상천외한 영상 기법이 계속 생겨나고 있다.

인기 있는 유튜브 영상은 뛰어난 스토리텔링 능력과 평균 이상의 편집 능력, 디자인, 성우, 소스 수집 능력이 필수이다.

오른쪽의 차근차근 따라하기로 유튜브 채널을 개설하고 앞 장의 곰믹스로 제작한 동영상 '성공에 관한 명언 10가지'를 직접 유튜브 채널에 올려보기로 하자.

유튜브 채널 개설하기

① 크롬 브라우저에 로그인 상태에서 유튜브(www.youtube.com)로 접속한다. 로그인 후 오른쪽 상단의 채널아이콘을 클릭하면 아래 첫번째 메뉴 내 채널을 클릭하면 유튜브 채널 개설이 시작된다.

② 채널이 간단하게 개설되었지만 채널 맞춤설정으로 들어가서 필수적으로 몇가지는 디자인하고 진행하여야 한다. 유튜브 채널을 방문하는 이들에게 보여줄 내 사업 또는 나의 첫 이미지이기 때문이다. 왼쪽의 초록색 사람 아이콘 부분에 마우스 올려보면 연필 모양이 나오고 클릭하면 아이콘을 변경할 수 있다.

채널 아이콘은 정사각형 이미지를 준비하여 채널 개설자 또는 회사의 로고마크를 삽입할 수 있다. 중앙부분의 채널아트 추가 버튼은 이 유튜브채널의 기획의도, 정체성을 보여주는 이미지배경부분으로 큰 이미지사진(가로 2048px, 세로 1152px)을 준비하여 업로드 한다.

③ 유튜브채널이 채널아이콘을 회사로고로 채널아트부분은 채널의 전체적 이미지로 디자인하면 아래와 같이 제법 근사하게 변신한다. 이제 오른쪽 상단의 무비카메라 아이콘을 클릭하면 동영상 업로드가 가능한 메뉴가 보인다.

④ 이제 바탕화면에 준비된 '성공에 관한 명언10가지' 제작한 영상을 찾아 업로드하면 된다.
유튜브는 오른쪽 메뉴를 통하여 Google사진에서 동영상 가져오기, 실시간 스트리밍, 유료로 사용하는 PREMIERES 등의 다양한 서비스를 선보이고 있다.

⑤ 바탕화면에 있던 영상이 업로드 완료되면 아래와 같이 처리 완료가 되고 오른쪽의 지금 최초 공개 버튼을 클릭하면 유튜브 영상 업로드는 완료가 된다. 이때 기본 정보에 제목, 영상에 대한 설명, 하단의 검색태그 등을 자세하게 입력해야 검색을 통한 방문자유입이 가능해 진다.

⑥ 이제 여러분의 영상은 유튜브 서버로 업로드되어 전 세계 누구에게나 고유한 주소(URL)로 공유가 가능하다. 아래의 고유주소(https://youtu.be/10Zj89IKcQc) 를 복사하여 네이버블로그, 카카오톡, 페이스북에 붙이기만 하면 공유가 되는 것이다.

⑦ 공유 옆에 있는 소스 코드는 여러분의 홈페이지 또는 네이버블로그에서 특정한 크기로 유튜브영상을 삽입할 수 있도록 제공하는 HTML코드인데 아이프레임 소스 코드(iframe source code)라고 한다. 아래는 채널 아이콘과 채널 아트, 업로드한 동영상이 반영된 최종 유튜브 채널의 모습이다.

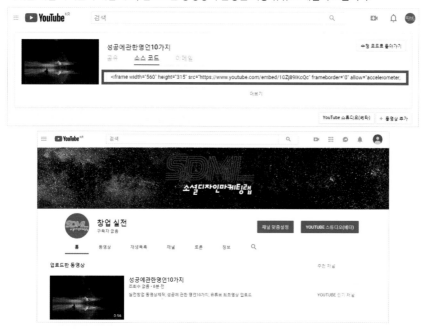

스마트폰 영상 제작하기

이번 장에서는 오로지 스마트폰으로 촬영하고 자막을 넣고 배경음악을 삽입하여 스마트폰에서 유튜브에 업로드해보는 과정을 배워보자.

스마트폰으로 영상 제작이 가능한 대표적인 App이 픽셀랩과 키네마스터이다. 픽셀랩은 최근에 가장 인기 있는 텍스트 기반의 영상 제작 App으로 사진을 불러들여 사진 위에 텍스트를 넣고 배경음악을 자유롭게 편집할 수 있는 App이다.

키네마스터는 140만 다운로드를 기록 중인 모바일 영상편집 프로그램의 최강자이다. 곰믹스 등의 PC 기반 무료 소프트웨어의 기능을 능가하며 전문가들이 사용하는 편집 프로그램의 장면전환, 자막삽입, 음향효과 등을 모두 스마트폰에서 그것도 무료로 사용 가능하다.

이제 키네마스터를 사용하여 영상을 제작해 보자. 키네마스터로 만들어 볼 영상은 '나에게 힘을 주는 꽃과 식물'이라는 주제로 만들어 보려 한다.

스마트폰에서 유튜브영상 게시하기

① 스마트폰에서 유튜브App을 실행한다. 계정 로그인을 PC에서와 동일하게 Google로그인을 하면 아래와 같이 나의 채널이 보여진다. 채널 아이콘과 채널 아트가 잘 적용되어 있다. 물론 내 동영상에 들어가면 앞 장에서 업로드한 영상이 보여질 것이다. 현재는 1개가 전부이다.

오른쪽 하단의 빨간 촬영 버튼을 클릭하면 곧바로 스마트폰만으로 유튜브에 영상을 게시할 수 있다. 그러나 자막이나 배경음악은 별도의 스마트폰 영상편집 전문 App을 활용해 보자.

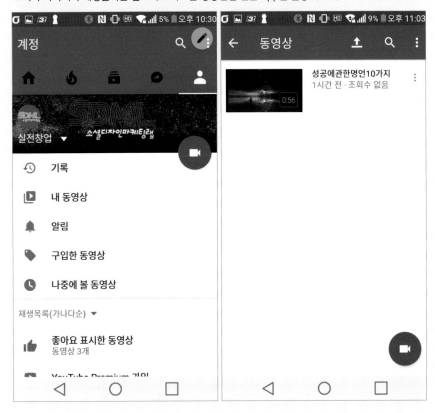

② 스마트폰에서 영상에 자막이나 배경음악 등의 편집은 스마트폰 영상편집 App을 활용하면 된다. 대표적인 App이 키네마스터와 픽셀렙이다. 스마트폰의 Play스토어에서 검색하여 설치해 본다. 픽셀렙은 최근에 가장 인기있는 텍스트기반의 영상제작 App으로 사진을 불러들여 사진위에 텍스트를 넣고 배경음악을 자유롭게 편집할 수 있는 App이다.

키네마스터로 편집한 영상을 유튜브에 업로드해 보도록 하자.

키네마스터로 영상제작하기

① 스마트폰 Play스토어에서 키네마스터를 검색하여 설치하고 실행한다. 앞 장에서 설명하였듯이 영상을 제작하기전에는 항상 어떤 영상을 어떤 주제로 촬영하고 편집할 것인가하는 기획이 있어야 한다. 이번 키네마스터로 만들어 볼 영상은 '나에게 힘을 주는 꽃과 식물' 라는 주제로 만들어 보려 한다. 키네마스터를 실행한다. 아래과 같이 화면이 열리면 +버튼이 있는 가장 큰 버튼을 클릭한다.

② 화면 비율 선택에서 유튜브에 업로드할 예정이라면 왼쪽 16:9를 선택한다.

※ 키네마스터는 오른쪽 상단에 항상 워터마크가 붙는 무료버전과 워터마크 삭제, 광고 없음, 프리미엄 에셋 150개 이상제공 등의 유료버전이 있다. 워터마크가 붙은 무료버전은 유튜브에 업로드하여 상업적 용도로 사용할 수 없으니 유의하여야 한다.

③ 키네마스터 편집화면이 열린다. PC에서 영상편집을 하는 곰믹스와 유사하다. 맨 하단은 타임라인이며 우측이 편집소스를 불러오는 버튼인데 미디어, 오디오, 음성, 레이어 4개 버튼이 있다. 가운데 빨간 버튼을 클릭하면 사진 또는 영상을 바로 촬영하여 삽입할 수 있다.

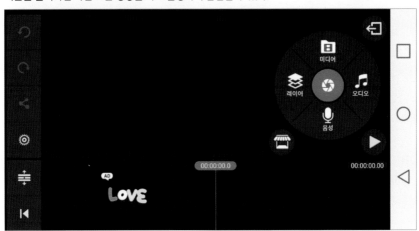

④ 가장 먼저 비디오소스를 불러와야 하는데 상단의 미디어를 클릭하면 스마트폰에 저장된 영상을 불러올 수 있다. 저장된 영상이나 사진이 특별이 없다면 가운데 빨간 버튼을 눌러 즉시 촬영을 한다.

⑤ 다음으로 미디어소스를 삽입한 상태에서 오디오 버튼을 눌러 오디오 브라우저에서 음악 에셋으로 들어가 무료음악인 Going Home을 다운로드 받아 +버튼으로 미디어아래 타임라인에 추가한다.

⑥ 미디어와 오디오를 타임라인에 추가하였으면 이제 타이틀 자막을 넣어보자. 레이어 버튼을 클릭하면 왼쪽에 부채모양으로 이미지, 효과, 오버레이, 텍스트, 손글씨 등을 추가로 삽입할 수 있다.

⑦ 레이어에서 텍스트를 클릭하면 자막을 입력할 수 있다. 아래와 같이 '나에게 힘을 주는 꽃과 식물'로 타이틀을 입력해 보자.

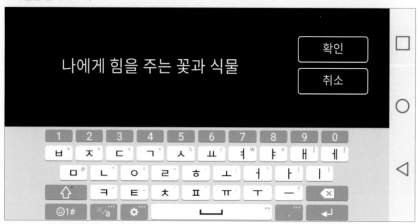

⑧ 타이틀을 입력하고 확인을 누르면 아래 화면과 같이 영상위에 타이틀자막이 배치된다. 자막의 오른쪽에 하얀 2개의 버튼으로 회전과 크기조절을 할 수 있고 오른쪽 흰색 원형 버튼을 누르면 글씨에 컬러를 줄 수 있다. Aa버튼으로 다양한 폰트를 적용해 볼 수도 있다.

⑨ 하단의 타임라인에 미디어, 텍스트, 오디오가 배열된 상태에서 오른쪽 중앙의 ▶버튼을 클릭하면 미리보기를 할 수 있다. 영상의 순서, 길이, 자막의 길이 등도 타임라인의 소스를 손가락으로 꾹 눌러주면 이동 및 길이 조정이 가능하다.

⑩ 미디어소스와 미디어소스의 연결부위를 클릭하면 키네마스터만의 놀라운 장면 전환 효과를 적용할 수 있는데 3D장면전환 효과, 재미있는 장면전환 등을 적용해 볼 수 있다. 영상이 완성되면 왼쪽 중앙의 공유버튼을 클릭하여 내보내기 및 공유를 한다.

⑪ 최종 내보내기로 인코딩을 하면 영상제작이 완료된다. 완성된 영상이 스마트폰에 저장되면 유튜브에 접속하여 업로드하기만 하면 스마트폰으로 영상제작하기가 마무리 된다.

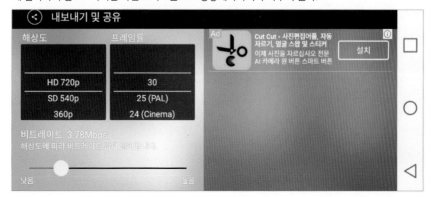

페이스북 프로필 만들기

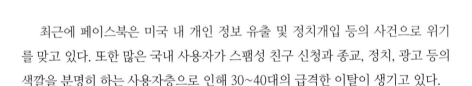

최근에 페이스북은 미국 내 개인 정보 유출 및 정치개입 등의 사건으로 위기를 맞고 있다. 또한 많은 국내 사용자가 스팸성 친구 신청과 종교, 정치, 광고 등의 색깔을 분명히 하는 사용자층으로 인해 30~40대의 급격한 이탈이 생기고 있다.

그러나 아직도 네이버를 제외한 SNS 채널은 현재까지 페이스북이 가장 많은 사람이 모여있는 곳이다. 아직도 수백만의 사람이 매일 자기 소식을 전하고 친구들의 소식에 공감하고 있는 가장 큰 SNS인 것이다.

또 하나 더 우리가 페이스북을 아직 주의 깊게 보아야 하는 것은 인스타그램을 소유한 페이스북이 인스타그램을 기반으로 하여 쇼핑 등의 다양한 마케팅전략을 선보이고 있다는 것이다.

새로운 사업을 전개함에 있어서 현재까지 페이스북의 영향력은 아직 무시할 수 없으니 페이스북 계정을 만들어 보기로 하자. 페이스북에 계정을 만드는 것은 간단하다. 검색창에 www.fb.com만 치면 된다.

facebook

Facebook에서 전세계에 있는 친구, 가족, 지인들과 함께 이야기를 나눠보세요.

가입하기

항상 지금처럼 무료로 즐기실 수 있습니다.

이름(성은 제외)

휴대폰 번호 또는 이메일

새 비밀번호

생일

1994 ▽ 2월 ▽ 10 ▽   왜 생년월일을 입력해야 하나요?

○ 여성 ○ 남성

가입하기 버튼을 클릭하면 Facebook의 약관, 데이터 정책 및 쿠키 정책에 동의하게 됩니다. Facebook으로부터 SMS 알림을 받을 수 있으며 알림은 언제든지 옵트 아웃할 수 있습니다.

가입하기

유명인, 밴드, 비즈니스를 위한 페이지 만들기

이메일로 전송된 코드를 입력하세요

회원님의 이메일 주소가 맞는지 확인해주세요. **kimpro@sdml.co.kr** 주소로 전송된 이메일에 있는 코드를 입력하세요. 잘못된 이메일인가요?

FB-

이메일 재전송   **나중에 하기** **계속**

---

1 단계
친구 찾기

친구들이 이미 Facebook을 사용하고 있나요?

많은 친구들이 이미 Facebook을 사용하고 있습니다. Facebook에서 친구를 찾는 가장 빠른 방법은 회원님의 이메일 계정을 검색하는 것입니다. 이 기능이 궁금하세요?

D∳m hanmail.net

이메일 주소

이메일 비밀번호

친구 찾기
🔒 Facebook은 회원님의 비밀번호를 저장하지 않습니다.

naver.com   친구 찾기

paran.com   친구 찾기

✉ **기타 이메일 서비스**   친구 찾기

다음

💡 더 많은 친구들, 지인들과 교류하실 수 있도록 Facebook에서 연락처 리스트를 보관합니다. 더 알아보기

휴대폰 번호 또는 이메일만 있으면 바로 가입이 가능하다. 신규 가입을 하게 되면 개인 정보 사용에 대한 약관 동의 이후에 휴대폰 번호 또는 이메일로 코드가 전송된다. 휴대폰이나 이메일로 전송받은 코드를 입력하고 계속을 클릭한다.

다음 단계는 여러분이 사용하고 있는 포털사이트의 이메일을 물어본다.다음과 네이버의 이메일 주소와 비밀번호까지 물어본다.

이 정보를 입력하게 되면 여러분의 포털사이트 이메일에서 메일을 받고 전송한 이들을 검색하여 친구로 추천해 주는 곳에 쓰겠다는 의지이다. 반드시 입력을 하지 않아도 되며 오른쪽 하단의 다음 버튼을 클릭하면 된다.

다음 단계는 여러분의 프로필 사진을 업로드하고 정보 입력을 요구한다. 또한 게시물의 공개 범위를 질문한다. 여러분이 페이스북에 가입하고 페이스북에서 친구를 만들고 늘려가는 동안, 페이스북은 지속적으로 본인의 사진 등록은 물론 경력 및 학력, 거주했던 장소, 연락처 및 기본 정보, 가족 및 결혼/연애 상태 등을 수시로 입력하라고 요구한다.

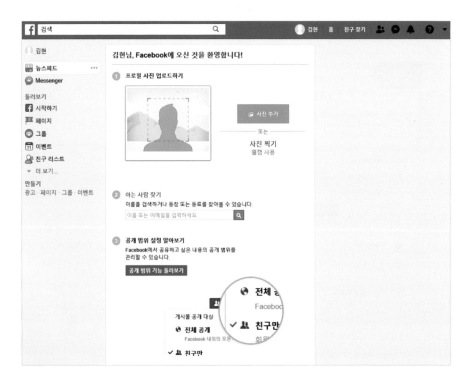

우리는 페이스북에서 새로운 친구를 많이 만들기로 마음먹었다는 가정하에 친구를 많이 만드는 방법과 소통하는 방법을 알아보기로 한다.

페이스북에서 최대한 친구를 만들면 5000명까지 만들 수 있다.

친구는 내가 먼저 친구 신청을 해야 수락이 되고 친구가 되는 것이다. 친구 숫자는 제한이 있으나 친구가 아니더라도 호감이 있는 사람의 소식을 팔로잉 해서 받아 볼 수도 있다.

페이스북 계정을 만들고 나면 정말 놀라는 경우가 내가 가입한 것을 어떻게 알고 주변에 사는 지인이나 어릴 적 친구가 나에게 친구 신청을 해 오는 것이다.

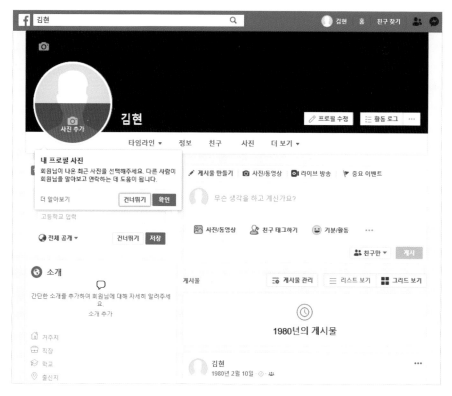

위의 그림처럼 가상의 프로필로 이름과 출생 일자 이외에 아무런 정보를 입력하지 않았더니 친구 추천이 전혀 없었다. 페이스북에서 소통할 많은 친구를 만들기 위해서는 자기 정보를 입력하여야 한다.

필자는 페이스북을 시작한 지 10년 가까이 되었는데 페이스북에서 수천 명의 사람들을 만나고 소통하면서 놀라운 경험을 많이 하였다.

나의 정보를 진실되게 공개하고 솔직한 일상과 일 이야기를 공유하였더니 생각지도 못한 단체에서 강연 요청이 오거나 최근의 일상을 퇴사한 직장의 동료들이 모두 알고 있는 경우가 많았다. 한 통계자료에 의하면 페이스북 사용자의 70~80%는 내 일상을 공유하기보다는 내 친구가 무슨 일을 하는지가 궁금한 이들이라고 한다.

페이스북에서 친구를 많이 만드는 좋은 방법은 내 프로필 사진을 가장 좋은 이미지로 준비하는 것이다. 바로 첫인상을 잘 준비하는 것이다. 페이스북의 친구는 내가 먼저 신청하거나 내 프로필을 보고 신청이 들어오게 되는데 페이스북 프로필이 정상적이지 않은 경우 친구 신청에서 거절을 당할 수 있다.

아래 이미지는 필자에게 친구 요청을 한 분들인데 프로필 사진도 없고 프로필에 들어가 보니 아무런 정보가 없어 친구 수락을 고민하고 있다.

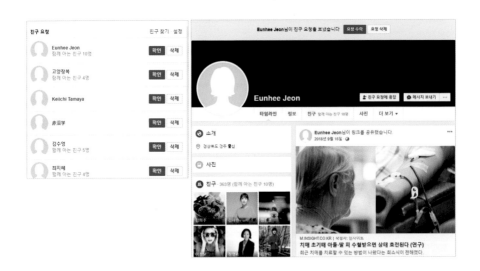

페이스북에서 내 프로필 사진을 등록하고 내 커버 사진을 업로드해 보자.

프로필 사진은 페이스북 프로필 화면 왼쪽 원안에 들어갈 자신의 사진이고 커버 사진은 대부분 내가 하는 일 또는 좋아하는 이미지를 배경으로 선택한다.

필자의 경우 강의와 디자인, 그리고 책 쓰기를 주업으로 하기에 이처럼 구성하였다. 프로필을 수정하는 방법은 수정하고자 하는 곳에 마우스를 대면 카메라 모양이 나오고 클릭하여 수정할 수 있다.

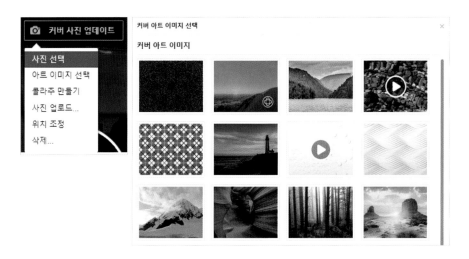

　페이스북의 프로필은 개인적인 소셜 네트워킹을 위해 사용된다면 여러분의 회사나 단체 또는 브랜드를 위해 만들어야 하는 것이 페이스북 페이지이다.

　페이스북 프로필은 친구 5000명까지 가능하지만 페이스북 페이지는 친구관계가 아닌 팬을 확보해야 하는데 그 숫자는 무제한이다. 창업하신 분께는 프로필은 개인적으로 사용하고 페이지는 사업용으로 사용하는 방법을 권장한다.

　소셜 통계 사이트 소셜베이커스(www.socialbakers.com)에는 페이스북 페이지에 대한 통계가 있는데 2019년 2월 현재 대한민국에서 가장 팬이 많은 페이지는 탤런트이자 영화배우인 이민호 님의 페이지인데 팬 수가 무려 1천7백만 명이 넘는다. 2위는 하이마트로 1천2백만 명이 넘는다. 페이지를 둘러보고 이 페이지에서 발행하는 소식을 받아보고 싶다면 페이지 중앙의 좋아요 버튼만 클릭하면 된다.

　페이스북 페이지를 만드는 방법은 간단하다. 자신의 프로필 오른쪽 상단의 만들기를 클릭하면 페이지를 손쉽게 만들 수 있다.

페이지 만들기 첫 단계는 카테고리를 선택하는 단계인데 비즈니스 또는 브랜드, 커뮤니티 또는 공인을 선택하면 된다. 창업을 하고 자신의 비즈니스를 알리는 목적이라면 왼쪽 비즈니스 또는 브랜드를 선택하고 시작하기를 클릭하면 된다.

페이지 이름과 카테고리를 추가하여야 한다. 이때 페이지 이름은 여러분 비즈니스의 이름 또는 브랜드로 정하고 카테고리는 원하는 업종을 입력하면 아래에 선택할 수 있는 메뉴가 또 등장한다. 카테고리를 입력하고 나면 주소를 반드시 입력해야 하고 전화번호는 선택사항이다. 주소를 입력하고 계속 버튼을 클릭한다.

비즈니스 용도로 페이지를 만들 경우 상세한 주소와 전화번호까지 표기하는 것이 소비자에게 조금 더 신뢰감을 줄 수 있다.

다음 단계는 페이지의 프로필과 커버 사진을 등록해야 한다.

앞 장에서 페이스북 프로필도 첫인상을 잘 준비해야 많은 친구를 만날 수 있는 것처럼 여러분의 비즈니스 첫인상도 잘 준비해야 많은 팬들을 만날 수 있다.

페이지의 프로필 사진은 대부분 회사의 로고마크를 사용하고 커버 페이지는 이벤트나 광고디자인을 삽입한다. 건너뛰기를 하고 난 후에도 얼마든지 수정이 가능하다. 국내 팬 수 2위의 하이마트 페이지 디자인을 한번 살펴보자.

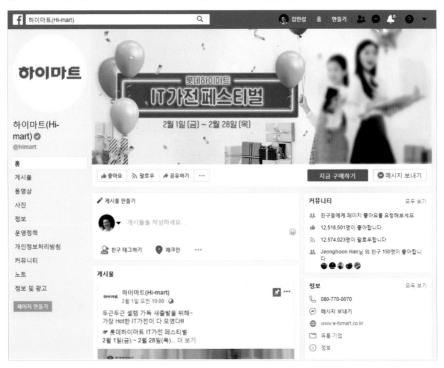

왼쪽 상단의 프로필 사진은 하이마트라는 한글 로고를 선명하게 삽입하고 커버 페이지는 현재 진행 중인 IT 가전 페스티벌의 정보를 입력한 광고디자인을 사용하고 있다. 이렇게 누가 봐도 디자인이 깔끔하고 명료하며 진정성 있는 브랜드 페이지들이 팬들을 많이 확보하고 잘 운영되고 있다.

하이마트 페이지의 경우처럼 페이지에서 고객센터 전화번호, 공식 홈페이지 주소(URL), 운영정책, 개인 정보처리 방침까지 공시하며 투명하게 운영하고 있다.

또한 커버 페이지 바로 하단에 '지금 구매하기' 버튼이 삽입되어 있는데 이 버튼을 클릭하게 되면 하이마트 공식 홈페이지로 이동하여 온라인 결제가 가능하게 된다.

여러분이 페이지를 만들게 되면 이러한 버튼을 자유롭게 활용할 수 있는데 '지금 구매하기' 이외에도 지금 예약하기, 문의하기, 지금 전화, 더 알아보기 등의 다양한 메시지 버튼을 생성하여 삽입할 수 있다.

인스타그램 계정만들기

인스타그램은 사진을 즉석으로 만든다는 의미의 '인스턴트(instant)'와 전보를 보낸다는 의미의 '텔레그램(telegram)'을 합쳐 만든 이름이다.

2010년 6월, 미국의 케빈 시스트롬과 마이크 크리 거는 스타트업 인큐베이터 행사에서 '코딩 인스타그램 1.0'을 발표하고, 2012년 4월 페이스북에 10억 달러(약 7천억 원)로 회사를 매각하였다. 말도 안 된다던 7천억 원의 기업가치는 2019년 현재 40조 원 이상의 가치로 평가받고 있다.

인스타그램이 순식간에 대중에게 확산되고 현재까지 인기가 있는 이유는 바로 인기 스타, 뮤지션, 스포츠 스타, 유명 인사 등의 대중문화와 함께 하기 때문이다.

또한 인스타그램의 핵심 기능인 해시태그와 이미지 기반 SNS로 인해 쉽고 부담 없이 소통할 수 있다는 것이 장점인 것이다.

재미있는 사실은 페이스북이나 네이버 블로그에서는 기업의 브랜드나 광고 이미지가 등장하면 부담을 갖지만 인스타그램의 해시태그 70%가 브랜드라고 한다.

많은 사람들이 인스타그램을 통해 내가 갖고 싶은 브랜드를 팔로우하고 상품의 이미지를 탐색하고 있다.

네이버 블로그처럼 방문자에게 유익한 정보를 제공하고, 페이스북에서 친근한 친구처럼 감성터치를 하지 않아도 그냥 담백하게 내 브랜드 이야기를 할 수 있는 곳이다.

국내 인스타그램 사용자는 2017년 월 활동 사용자 수가 1천만 명을 돌파하였다. 페이스북과 카카오스토리, 트위터가 이용자 감소로 이어지는 가운데 유일하게 이용자가 증가하는 SNS 채널이 바로 인스타그램이다.

지금부터 인스타그램 계정 만들기와 업로드에 도전해 보자.

인스타그램은 태생적으로 모바일 기반이다. 스마트폰에서 즉석으로 사진이나 동영상을 찍어서 간단한 해시태그로 나의 일상을 공유하는 서비스이다.

스마트폰이 아닌 PC에서도 인스타그램을 접속할 수 있지만, 정상적인 방법으로는 모바일에서만 회원가입과 사진, 동영상 올리기가 가능하다.

먼저, 스마트폰의 Play 스토어에서 인스타그램을 다운로드해 설치해 보자.

계정 만들기가 끝나면 인스타그램에 사진과 영상을 올릴 수 있게 된다.

인스타그램으로 책상 앞에 있는 간단한 캘린더 이미지를 바로 찍어 올려보았다. 인스타그램 화면 하단에 아이콘을 누르면 된다.

인스타그램은 스마트폰으로 찍은 사진을 필터와 수정 기능으로 다채롭게 수정이 가능한데 절대로 원본을 바로 올리지 말고 필터와 수정 과정을 거치시길 권장한다. 웬만한 이미지 필터 App보다 막강한 사진 보정 기능이 있다.

이제 인스타그램에 동영상을 올려보자. 동영상도 화면 하단의 아이콘을 누르면 된다. 스마트폰에 저장된 동영상 전체 라이브러리(iPhone) 또는 갤러리(Android)가 보이는데, 이 중에서 공유할 동영상을 선택하면 된다. 최대 영상을 포함하여 사진까지 10개를 동시에 업로드할 수도 있다.

동영상도 사진과 마찬가지로 다양한 필터를 적용할 수 있는데 자주 쓰는 필터를 모아서 사용할 수도 있다. 영상을 좀 더 부드럽게 하고 싶거나, 흑백으로, 아니면 영화필름처럼 만들어 볼 수 있다. 필터를 적용하고 난 후 다듬기를 통해서 영상 전체가 아닌 하이라이트 부분만 올릴 수도 있다.

다듬기를 클릭하고 시작 부분과 끝부분을 안쪽으로 모아주면 하이라이트만 업로드할 수 있다.

마지막으로 영상의 미리 보기라 할 수 있는 커버를 선택하고 설명을 입력하면 영상이 게시된다. 이때 페이스북과 트위터, 텀블러에까지 즉시 공유가 가능하다. 인스타그램에서 영상도 그냥 올리지 말고 필터와 다듬기를 잘 활용해 보자.

인스타그램은 저장된 동영상이 아닌 바로 영상을 촬영하고 업로드가 가능하다. 화면 왼쪽 상단의 카메라 아이콘을 클릭하면 된다.

하단에 아이콘은 저장된 영상이나 사진을 올리는 기능이고 상단의 카메라 아이콘은 즉시 게시를 하는 스토리 공간이다.

인스타그램 스토리는 24시간이 지나면 사라지는 것을 기본으로 하고 있다.

스토리를 만들게 되면 자신을 팔로우하는 사람에게만 보이는데 팔로우중에 내 스토리를 본 사람이 누구인지도 알 수 있다.

이 스토리 이미지를 24시간이 지나도 저장해서 사용하고 싶다면 왼쪽 상단의 스토리 관리에서 '카메라 롤에 저장'을 켜 주어야 한다.

스토리에 들어가면 텍스트, 라이브, 일반, BOOMERANG, 슈퍼줌, 아웃포커스, 역방향 재생, 핸즈프리 등이 다양한 기능을 지원한다.

▲ 스토리 텍스트 디자인

▲ 스토리 일반 디자인

▲ 스토리 아웃포커스디자인

인스타그램이 유튜브가 거의 독식 중인 동영상기반 SNS에 전쟁을 선포하였다. 인스타그램의 오른쪽 상단의 TV 아이콘을 클릭하면 IGTV로 들어갈 수 있다.

IGTV는 인스타그램이 2018년 6월 출시한 혁신적인 동영상 서비스이다.

인스타그램에서는 60초 이내의 영상만 업로드 가능하였는데, IGTV를 사용하면 최대 1시간 길이의 동영상 콘텐츠를 만들 수 있다. 혁신은 바로 세로형 영상이 기본이라는 것이다. TV, 영화, 유튜브 등 대부분의 영상 규격인 가로형 영상을 스마트폰을 가장 많이 이용하는 방식인 세로에 맞추어 영상 제작을 할 수 있다.

유튜브처럼 누구나 지금이라도 채널을 개설하고 크리에이터가 될 수 있다.
App을 열면 최근 인기 있거나 추천할 만한 영상이 빠른 속도로 바로 실행되고 오른쪽 중앙의 아이콘을 클릭하면 지금 바로 채널을 만들고 영상을 올릴 수 있다.

▲ 인스타그램 IGTV 공식 홈페이지의 소개 화면 [출처 : 인스타그램 공식 홈페이지]

도전하는 온라인

Part 4 홈페이지 만들기

홈페이지 제작에 대하여

창업을 하고 반드시 홈페이지가 필요한데 크지 않은 규모이거나 컴퓨터를 익숙하게 다루지 못하는 분들은 네이버 modoo 홈페이지도 제법 쓸만하다.

그러나 내가 원하는 디자인을 원하는 레이아웃으로 직접 만들고 싶다면 지금부터 차근차근 따라 하면 나만의 홈페이지를 만들 수 있다.

본 홈페이지 제작 과정은 2003년 미국의 매트 물렌웨그가 개발한 워드프레스(WordPress.org) 설치형을 기반으로 제작하기로 한다.

현재 워드프레스는 세계 최대의 오픈 소스 콘텐츠 관리 시스템(CMS, Contents Management System)이며, 수천 가지의 다양한 홈페이지 디자인과 수만 가지의 기능을 가진 플러그인을 무료로 제공하고 있다.

전 세계 홈페이지의 30% 이상이 워드프레스로 만들어지고 있고, 미국의 백악관과 서울시청 홈페이지도 워드프레스로 제작되어 화제가 된 사례가 있다.

그렇다면 워드프레스는 왜 이 모든 것을 무료로 제공하는가?

그것은 바로 우리가 스마트폰을 구입하고 난 후 설치하는 다양한 모바일 무료 App 들과 원리를 같이 한다.

예를 들어 스마트폰에 설치된 안드로이드 OS는 기본적인 App들은 초기에 제공한다. 시계, 메모, 지도, 카메라, 날씨 등의 기본 설치 App은 이미 설치되어 있다.

그러나 더 다양한 게임이나 생활에 필요한 다양한 App들은 Play 스토어에서 무료 버전을 검색하여 설치하면 된다. 대부분의 무료 App들은 광고 수익으로 운영되며 유료로 전환하면 더욱 편리한 기능을 제공한다고 끊임없이 유혹한다.

▲ 워드프레스 설치형 소개페이지 화면 (https://ko.wordpress.org)

유튜브도 모두 무료이지만 하단에 배너광고, 시작할 때 동영상 광고, 중간에 삽입된 광고 등 무료이기에 눈 딱 감고 지나가는 서비스인 것이다.

유튜브도 최근 월 일정액을 정기결제로 진행하면 광고도 없고 다운로드도 쉽게 가능한 유튜브 프리미엄으로 전환하라고 끊임없이 유혹한다.

▲ 유튜브 프리미엄은 광고없이 감상, 오프라인 저장, 음악으로 유혹한다.

워드프레스도 홈페이지 제작의 세계에 새로운 생태계를 제안하며 등장한 사업모델이다. 전 세계의 수많은 웹디자이너들이 워드프레스 템플릿 디자인을 개발하여 판매하고 있으며, 엄청난 기능의 다양한 프로그램들이 개발되어 워드프레스 플러그인으로 판매되고 있다.

무료 디자인 테마나 무료 플러그인을 사용하다 유료로 전환하면 더욱 편리하고 미려한 디자인과 기능을 사용할 수도 있다.

유료로 구매하여 사용할 수 있는 홈페이지 디자인인 유료 테마는 놀라운 디자인과 기능을 제공하는데 불과 수십 달러인 몇 만 원에 구입이 가능하다. 플러그인은 한국형 게시판 등의 다양한 프로그램도 무료 설치가 가능하고 팝업 기능 등도 검색하여 설치만 하면 내 홈페이지에 막강한 팝업 기능을 추가할 수 있다.

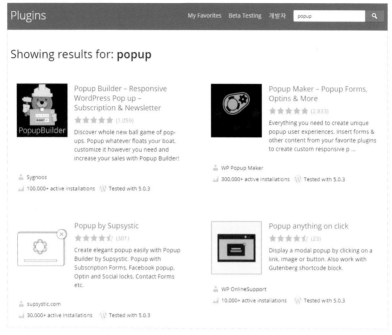

▲ 워드프레스에서 popup을 검색하면 다양한 프로그램이 검색되고 무료로 설치하면 된다.

그런데 워드프레스로 홈페이지를 만들면 정말 1원도 들지 않을까? 정말 지독하게 도메인도 구입하지 않고 무료 웹서버를 제공받는다면 100% 무료이다.

그러나 홈페이지를 설치하고 운영할 일정한 온라인 공간인 웹서버는 필요하기에 약간의 비용(연간 최소 6천 원)은 발생한다.

홈페이지를 만들기 전에 필요한 몇 가지가 있다. 이것은 동영상을 만들거나 네이버 블로그를 구축할 때도 강조한 이야기이지만 바로 기획안이다. 어떤 홈페이지를 어떤 메뉴 구성으로 어떤 기능까지 할 것인가를 창업자 또는 기획자가 구성하여야 한다.

이러한 과정을 홈페이지 기획이나 홈페이지 사이트맵을 만든다고 하는데 경쟁 회사의 홈페이지들을 방문해 보고 참조하는 방법도 있다.

두 번째 준비해야 할 것이 도메인이다. 온라인 주소라고 할 수 있는데 소비자들이 쉽게 찾아오기 위한 짧고 외우기 쉬운 도메인이 좋다.

세 번째로는 웹서버라고 해서 홈페이지가 365일 24시간 서비스될 웹 공간이다. 약간의 비용이 발생하지만 언제 어디서나 접속이 가능한 서버가 있어야 홈페이지 서비스가 가능한 것이다.

자 그럼 이제 본격적으로 홈페이지를 만들어 보기로 하자.

사이트맵 구성하기

　홈페이지를 제작하기 전에 기획을 하고 메뉴 구성을 하는 과정을 사이트맵을 만든다고 한다. 집을 만들기 전에 반드시 설계도가 필요하듯이 사이트맵도 홈페이지를 만들기 위한 설계도인 것이다.

　사이트맵은 보통 엑셀이나 파워포인트로도 만들지만 A4용지를 준비하여 연필이나 볼펜으로 직접 그려보며 구성해 볼 수도 있다.

　홈페이지를 기획할 때 잊지 말아야 하는 부분은 어떤 정도까지 고객과 소통할 것인가도 염두에 두어야 한다. 회원가입이나 로그인을 하지 않아도 글을 남길 수 있는 게시판을 설치할 것인지, 비밀게시판을 만들어 글쓴이의 정보를 암호로 보호해 주는 기능을 넣을 것이지도 고민해야 한다.

　수년 전의 홈페이지에는 방명록이라고 해서 로그인 없이 간단히 방문 후기를 남기는 게시판을 만들기도 했는데 최근에는 이런 방명록은 잘 만들지 않는다.
　포털사이트에 '사이트맵'으로 검색하면 여러 가지 샘플을 볼 수 있으며 직접 내가 만들어 보아야 제작도 빨라지고 머릿속에 정리가 된다.

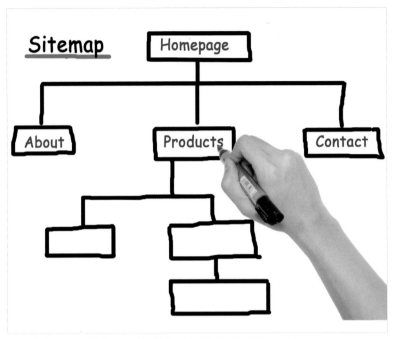

▲ 사이트맵은 A4용지 또는 화이트보드에 직접 그려보며 구성한 후 파워포인트로 만든다.

도메인에 대하여

도메인이란 인터넷에 연결된 컴퓨터를 사람이 쉽게 기억하고 입력할 수 있도록 문자(영문, 한글 등)로 만든 인터넷 주소이다.

도메인은 누구나 지금 바로 구입을 할 수 있다. 가장 많이 알려진 도메인 구입 기관이 '후이즈(www.whois.co.kr)이다. 우리가 쇼핑몰을 구축하는 회사로 잘 알려진 카페24(www.cafe 24.com)에서도 도메인을 판매하고 있고, 웹호스팅 전문 회사인 가비아(www.gabia.com)에서도 구입은 가능하다.

문제는 가격인데 같은 도메인이라도 판매회사에 따라 2배 이상이 차이가 난다. co.kr의 경우 1년 갱신 도메인이 1만 원에서 2만 2천 원까지 상당한 차이가 난다.

홈페이지 제작의 측면에서는 웹서버를 구입한 회사에서 도메인까지 구입하면 네임서버 변경 등의 여러 가지 복잡한 절차가 줄어들어 편리하기는 하다.

그러나 도메인을 구입하지 않으면 홈페이지를 구축할 수 없는 것은 아니다.

다음 장에서 이야기할 웹서버 부분에서 웹서버를 구입하게 되면 임시 도메인을 부여 받게 되는데 그 임시 도메인으로 그냥 사용하시겠다는 분도 가끔 있다.

왜냐하면 네이버 키워드 광고로 유입을 하거나 인스타그램에 광고를 진행하고자 할 때 임시 도메인 만 있어도 진행은 가능하기 때문이다.

그러나 도메인을 잘 선택하고 구입해서 사용하게 되면 고객에게 신뢰감을 줄 수 있다. 이 책의 앞 부분에서 창업에 필요한 7가지를 이야기하였는데 회사명과 브랜드명을 결정하고 나면 이 네이밍과 적합한 도메인도 미리 구입이 가능한지 검토하여 구입을 하는 것이 좋다.

중소 화장품 회사에서 제품 디자인과 홈페이지 제작 의뢰를 받아 진행한 일이 있었는데 그 회사 화장품명으로 도메인을 검색하니 미국의 무기 거래 사이트가 등장하여 당황한 경험이 있다. 결국 회사명+브랜드명으로 도메인을 결정하여 운영하고 있다.

도메인에서 조금 혼란이 오는 부분이 바로 등록기관인데 세계에서 가장 많이 존재하는 닷컴(.com), 닷넷(.net)은 국제 인터넷 주소자원 관리기관(ICANN)에 등록되어야 해서 구입 시 모든 정보를 영어로 기입하여야 한다. 보통 국내에서 사용되는 co.kr/or.kr/.kr 등은 한글로 구입이 가능하다.

도메인 구입에 대해 이렇게 구구절절 이야기하는 이유는 도메인을 잘못 선정하여 낭패를 보는 기업들이 있기 때문이다. 수년 전 숙취해소 음료 회사의 홈페이지를 제작하고 도메인을 선정하는 과정에서 우연히도 국내 최고 연예 기획사의 홈페이지 주소를 추정하여 방문하였더니 외국의 성인 이미지 사이트로 연결이 되어 당황한 적이 있다.

여러분이 새롭게 론칭할 사업의 브랜드 이름을 만들어야 한다면 특허청의 키프리스에서 상표등록 현황을 검토하고 이후에 반드시 도메인도 검색해 보아야 한다. 도메인 검색사이트에서 브랜드명.com/브랜드명.net 이나 브랜드명.co.kr이 구입 가능한 상태인지 이미 운영 중이라면 그 사이트를 반드시 방문해 보아야 한다.

내가 생각한 브랜드명으로 국내 업체에서 이미 다른 사업으로 운영 중인 사이트일 수도 있고 내가 열심히 광고한 도메인 효과로 그 업체로 방문자가 흘러갈 수도 있기 때문이다.

국내 완성차 제조업체들은 새로운 자동차를 출시할 때 브랜드명과 연관된 도메인을 수백 개를 구입하여 방어하기도 한다. 이것을 방어 도메인이라고 한다. 운영하지는 않아도 다른 경쟁자가 다른 의도로 운영을 하지 못하게 함이 목적인 것이다.

가장 좋은 도메인을 구입하는 방법은 도메인 구입 사이트에서 검색해 본 결과, 자신의 회사명이나 브랜드명으로 검색하였을 때. com/.net/.co.kr/.kr 정도의 도메인이 모두 구입 가능하다면 1년에 5만 원 정도를 투자하여 구입할 것을 권장한다.회사의 공식 도메인은 하나로 지정하고 나머지 3개의 방어 도메인은 그 주소를 쳤을 때 공식 도메인 주소로 연결되도록 하는 포워딩 서비스를 무료로 이용할 수 있다.

도메인을 구입할 때 반드시 구입 기관과 아이디, 비밀번호를 기록해 놓는 것도 중요하다. 자신이 직접 도메인을 구입하고 않고 직원에게 부탁하였다가 그 직원이 퇴사하고 연락이 두절되어 도메인을 갱신하지 못하는 경우를 본 경험도 있다.

홈페이지 제작을 디자인 전문 회사에 의뢰하여 진행할 때에도 도메인의 구입은 창업자 본인 또는 법인명으로 구입하는 것이 좋다. 도메인 자체가 큰 재산이 되어 소유권 분쟁이 일어나는 경우도 있기 때문이다. 최근에는 도메인을 구입할 때 갱신 기간을 1년~10년으로 해서 구입이 가능하다.

도메인 검색은 도메인 구입 회사 홈페이지에서 가능한데 도메인 구입을 언제 누가 언제까지 구입하였는지 구입자의 이메일 정보까지 자세히 볼 수 있다.

웹호스팅 신청하기

웹서버는 여러분의 홈페이지가 설치된 물리적인 웹 공간이라고 볼 수 있다.

웹서버의 주된 기능은 여러분이 만든 웹페이지를 방문자의 컴퓨터인 클라이언트로 전달하는 것이다. 주로 웹서버에 저장된 이미지, HTML 문서, CSS, 자바스크립트를 포함한 데이터가 방문자의 화면으로 전달된다.

가정용 PC나 노트북으로도 웹서버를 만들 수는 있는데 문제는 365일 24시간 이 컴퓨터는 켜져 있어야 한다는 것이다. 절대 잠들거나 쉬어서는 안 되는 것이 웹서버이다.

카카오톡이 전국의 수천만 명에게 메신저 서비스를 하기 위해서도 웹서버가 필요하고, 페이스북이 전 세계 10억 명에게 언제 어디서나 안정적인 서비스를 하기 위해서도 서버가 반드시 필요한 것이다.

홈페이지 제작 및 설치를 위해서는 웹서버를 임대형으로 신청해야 하는데 하드디스크 용량과 웹 트래픽 용량에 따라 임대 비용이 차이가 난다.

고도몰 웹호스팅 신청하기

① 홈페이지를 제작하기 전에 반드시 웹서버가 준비되어야 하는데 고도몰(www.godo.co.kr)에 접속하여 먼저 회원가입을 진행한다.

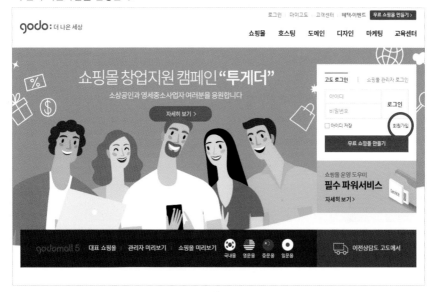

② 고도몰 회원가입을 위해서는 휴대폰 인증 또는 이메일 인증을 반드시 거쳐야 한다. 아이디와 비밀번호 또한 잘 메모하여 두어야 이후 무료 쇼핑몰 만들기도 가능하다.

③ 회원가입 완료 후 로그인을 하고 호스팅 > 웹 호스팅 > 리눅스 웹 호스팅 메뉴로 들어간다.
웹서버를 임대하는 신청과정을 웹 호스팅 신청이라 한다.

④ 여러가지 서비스 메뉴표에서 두번째 1개월 무료체험 슬림플러스형의 신청하기를 클릭한다.
1개월 이후 결제를 하지 않으면 자동으로 삭제되므로 실제 운영이 아니더라도 테스트가 가능하다.

⑤ 결제정보 서비스기간을 1개월 (한 달 무료체험)으로 선택하면 SMS 인증창이 뜬다. 본인 명의 휴대폰으로 인증번호를 요청하고 인증번호를 받고 입력 후 진행하면 된다.

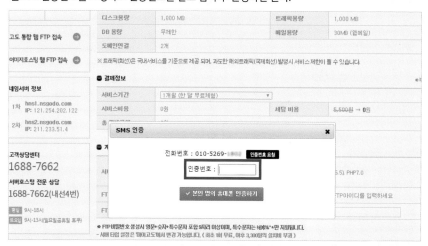

⑥ 이용 약관에 전체 동의를 체크하고 하단의 서버 타입을 반드시 UTF8(Mysql5.5), PHP7.0으로 체크한다. FTP 아이디는 자신의 회사명이나 브랜드명을 영어로 입력한다. 이 아이디로 임시 도메인 주소가 생성되는데 hometest로 입력하면 접속주소는 http://hometest.godohosting.com이 된다.

● 서비스 기본 정보

서비스명	일반 웹호스팅 - 슬림플러스 (12개월 이상 신청 시 2개월 무료연장 혜택)		
디스크용량	1,000 MB	트래픽용량	1,000 MB
DB 용량	무제한	메일용량	30MB (웹메일)
도메인연결	2개		

※ 트래픽(회선)은 국내서비스를 기준으로 제공 되며, 과도한 해외트래픽(국제회선) 발생시 서비스 제한이 될 수 있습니다.

● 결제정보   ☀부가세 포함

서비스기간	1개월 (한 달 무료체험) ▼		
서비스비용	0원	세팅 비용	5,500원 → 0원
총 결제금액	0원		

● 계정정보

서버 타입 설정	○ EUC-KR(Mysql5.0), PHP5.2 ○ UTF8(Mysql5.1), PHP5.2 ○ EUC-KR(Mysql5.5) PHP5.5 ○ UTF8(Mysql5.5), PHP5.5 ● UTF8(Mysql5.5), PHP7.0 ☀ 서버 타입은 셋팅 후 변경이 불가능 하오니 신중한 선택을 바랍니다		
FTP 아이디	hometest	FTP 주소	hometest.godohosting.com
FTP 비밀번호	*********	FTP 비밀번호확인	*********

☀ FTP비밀번호 생성시 영문+숫자+특수문자 포함 9자리 이상이며, 특수문자는 !@$%^*만 지원됩니다.
- 서버 타입 설정은 마이고도에서 변경 가능합니다. (최초 1회 무료, 이후 3,300원의 설치비 부과)

● 고객정보

아이디	uncledum	이름	김인섭
전화번호	010-5269-	핸드폰	010-5269-
이메일	tokis9475@naver.com		
결제자정보	● 소유자 정보와 동일	○ 소유자 정보와 다름	
관리자정보	● 소유자 정보와 동일	○ 소유자 정보와 다름	

신청하기

⑦ 잠시 후 고도몰 회원가입시 등록한 이메일로 다음과 같은 메일이 도착한다.
세팅완료 후 호스팅 적용까지 약 3시간 소요된다고 안내되지만 실제는 잠시후면 완료된다.

⑧ 호스팅 적용이 완료되었는지 확인해 보려면 웹서버 신청시 FTP 아이디가 hometest 일 경우, 임시도
메인 주소 http://hometest.godohosting.com을 웹브라우저에서 확인해 본다.
다음과 같은 화면이 뜨면 웹서버 호스팅 적용이 완료된 것이다.

웹 트래픽(Web traffic)은 웹 사이트에 방문하는 사람들이 데이터를 주고받은 양을 말하는데 하루 방문자가 100명 정도인 홈페이지와 1백만 명인 홈페이지는 웹 트래픽이 큰 차이가 난다. 웹서버 구입 시 너무 적은 웹 트래픽이 설정되어 있을 경우 많은 방문자가 동시 방문하게 되면 웹서버가 다운되는 현상이 일어나는데 바로 웹 트래픽이 초과되었기 때문이다.

웹호스팅 전문 회사 카페24 호스팅센터(www.cafe 24.com)에서는 웹서버를 절약형 하드디스크 400M byte 기준으로 설치비 5천 원, 월사용료 500원에 호스팅 신청이 가능하다. 1년에 1만 1천 원 정도면 400M 웹서버 임대가 가능한 것이다.

국내에 웹서버를 임대할 수 있는 호스팅 전문 회사도 수십 개가 있는데 필자가 수년째 주로 이용하는 곳은 고도몰(www.godo.co.kr)이다.

▲ 웹서버도 무료로 제공되는 블로그형 워드프레스 https://ko.wordpress.com 도 있다.

고도몰은 쇼핑몰 전문 설루션 회사이자 웹호스팅, 도메인 구입도 가능하다.

고도몰을 필자가 추천하는 이유는 회원가입만 해도 리눅스 웹호스팅 1G형을 1개월 무료로 체험해 볼 수 있기 때문이다. 1개월 이후에 월 790원, 연간 9720원이면 웹서버를 임대할 수 있다. 웹서버 하드 300M 형은 1년 6600원이면 바로 서비스를 받을 수 있다.

▲ 고도몰의 리눅스 웹호스팅 1G형 1개월 무료체험으로 웹서버를 무료로 임대할 수 있다.

문제는 나의 홈페이지는 어떤 웹서버가 적당한가의 문제인데 초창기 일방문자 1000명 이하 정도이고 홈페이지에 올라갈 이미지와 텍스트가 100M를 넘지 않는다면 HDD 1G 형으로도 충분하다고 할 수 있다.

단, HDD 1G 형 슬림 플러스의 경우 웹 트래픽이 15G(일 500M)라고 표시되어 있는데 일 500M 정도는 작은 홈페이지 운영에 큰 문제가 없다고 볼 수 있다.

갑작스러운 방문자의 증가로 일 트래픽 급증하여 90% 정도에 이르면 SMS 또는 이메일로 안내받고 트래픽만 추가로 구매할 수도 있다. 사업 초기에 방문자가 일일 1천 명이 넘어간다면 웹호스팅 비용이 문제가 아니라 고객 응대가 더 큰 문제가 될 것이다.

최근에 대량 광고를 통해 홈페이지를 무료로 만들어 준다는 wix.com을 한번 방문해 보자. 정말 모든 것이 무료일까?

wix.com은 홈페이지 제작은 무료이지만 웹서버 비용을 위와 같이 지불하여야만 홈페이지 제작이 가능하다. 최소 월 6.25달러 우리 돈 7천 원을 매월 지불해야만 한다.

수년 전에 한 방송사에서 자영업자들을 위해 무료로 홈페이지를 만들어 준다고 광고를 한 적이 있었다. 필자도 혹시나 한번 신청해 보았더니 바로 당일 영업사원이 방문하여 홈페이지 제작은 모두 무료이나 웹서버 운영비용은 유료라 월 3만 3천 원을 내야 한다면서 계약서를 내밀어 몹시 서글펐던 기억이 있다.

영세한 자영업자들의 호주머니를 노리는 상술에 착잡한 마음이 들었다. 이처럼 홈페이지 제작에 대한 흐름을 알지 못하면 이러한 상술을 발휘하는 몰지각한 광고회사에 눈뜨고 당할 수 있다.

이제 차근차근 따라하기를 통해 웹서버 1개월 무료 서비스를 신청해 보자.

홈페이지를 만들 웹서버가 준비되어야 다음 단계인 워드프레스 홈페이지 구축이 가능해진다. 웹서버는 신청 후 거의 몇 분만 기다리면 세팅이 완료되었다고 메시지가 도착한다.

워드프레스 설치하기

이제 웹서버 세팅 완료되었다면 본 책의 차근차근 따라하기를 통해 완성도 있는 홈페이지를 만들어 보자.

가장 먼저 워드프레스 ORG(www.wordpress.org)를 방문한다.

모두 영어로 나오는 데 중앙에 자세히 보면 '한국어'로 된 글씨를 클릭하면 한국어로 된 사이트로 이동한다. 한국어 사이트로 이동한 후 오른쪽 상단의 워드프레스 얻기 버튼을 클릭해 준다.

다음으로 워드프레스 얻기에 들어가서 하단의 워드프레스 5.0.3 다운로드 버튼을 클릭하면 워드프레스가 압축파일(.zip) 형태로 다운로드 된다.

바탕화면에 '워드프레스 5.0.3-kr_KR.zip'파일을 다운로드한다.

압축된 파일은 더블클릭을 한다. zip으로 압축된 파일은 윈도우 7버전 이상에서는 기본으로 압축을 풀 수 있다. 압축을 해제할 파일을 클릭하고 상단의 모든 파일 압축 풀기를 클릭하면 압축이 해제된다.

이 전체 파일을 나의 웹서버로 복사해 주면 워드프레스 설치가 시작된다.

워드프레스 설치하기

① 가장 먼저 워드프레스 ORG(www.wordpress.org)를 방문한다. 모두 영어로 나오는 데 중앙에 자세히 보면 '한국어'로 된 글씨를 클릭하면 한국어로 된 사이트로 이동한다.

② 한국어 사이트로 이동한 후 오른쪽 상단의 워드프레스 얻기 버튼을 클릭해 준다.

③ 워드프레스 얻기에 들어가서 하단의 워드프레스 5.0.3 다운로드 버튼을 클릭하면 워드프레스가 압축파일(.zip)형태로 다운로드 된다. 바탕화면에 '워드프레스 5.0.3-kr_KR.zip'파일을 다운로드 받는다.

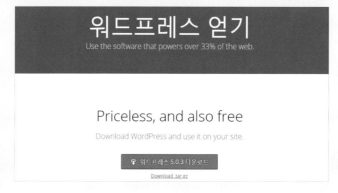

전체 파일을 나의 웹서버로 올리기 위한 프로그램이 필요하다. 포털사이트 네이버에서 '다 FTP'를 검색하여 다운로드하고 설치해 보자.

FTP 프로그램은 여러 가지가 있지만 개인/기업 모두가 무료로 사용 가능한 '다 FTP'를 추천드린다. 무료 다운로드를 클릭하고 일반 다운로드 다운로드해 설치해 준다. 설치 완료 후 다 FTP를 실행하게 되면 중앙 왼쪽의 접속하기 버튼을 클릭하여 3가지 FTP 주소, 사용자 ID, 비밀번호를 입력하고 접속을 클릭하면 서버와 접속이 된다.

여러분의 FTP 주소는 고도몰로 로그인하여 마이 고도에서 확인할 수 있다.

입력 후 접속 버튼을 클릭하면 정상적으로 접속된 경우 상단의 자신의 웹 서버 속에 index.html 파일이 보이면 접속에 성공한 것이다.

다 FTP로 나의 웹서버에 접속을 하고 난 후 상단의 서버에 있는 index.html 파일은 삭제해 준다. 삭제하는 방법은 파일 위에 마우스 오른쪽을 클릭하면 삭제 메뉴가 있다.

▲ 다FTP는 개인/기업 모두가 무료로 사용이 가능하다.

④ 다운받은 워드프레스 압축파일을 해제하면 다음과 같이 압축이 풀어진 형태가 만들어 진다. 이 전체파일을 나의 웹서버로 복사해 주면 워드프레스 설치가 시작된다.

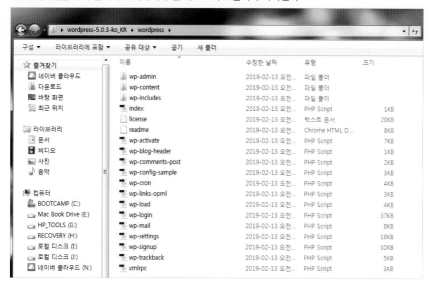

⑤ 위의 전체파일을 나의 웹서버로 올리기 위한 프로그램이 필요하다. 포털사이트 네이버에서 '다FTP' 를 검색하여 다운로드 받아 설치해 준다. 아래는 '다FTP' 다운로드 설치 후 실행한 모습이다.

중앙 왼쪽의 접속하기 버튼을 클릭하여 3가지 정보 FTP주소, 사용자 ID, 비밀번호를 입력한다. 필자의 경우 고도몰에 웹 서버 신청시 입력한 FTP ID가 'hometest'였기에 FTP주소는 hometest. godohosting.com, 사용자 ID는 hometest, 비밀번호를 입력하였다. 입력 후 접속버튼을 클릭하면 정상적으로 접속된 경우 상단의 자신의 웹 서버속에 index.html 파일이 보이면 접속에 성공한 것이다.

워드프레스 전체 파일이 웹 서버로 전송되는 시간이 빠르면 5분에서 늦어도 10분 이내에 완료된다. 가정이나 개인 사무실이 아닌 공공기관의 전산실, 학교 전산실 등의 공공장소에 설치된 PC에서는 FTP 접속이 금지되는 곳이 가끔 있으니 사무실 또는 가정의 개인 PC 이용을 권장한다.

이제 잠시 파일이 업로드되는 있는 동안 워드프레스의 원활한 설치를 위해 미리 고도몰로 로그인하여 마이 고도에서 나의 데이터베이스 정보를 확인해 보자.워드프레스 홈페이지도 그렇고 모든 홈페이지는 고유의 정보를 웹 서버에 보관하고 있다. 홈페이지 관리자의 로그인 정보, 게시판 세팅 정보, 게시글의 정보, 회원정보 등이 있는데 이러한 정보를 데이터베이스(DB)라고 한다.

우리가 앞 장에서 고도몰에 무료 1개월 웹서버를 신청하고 세팅이 완료되었는데 데이터베이스도 세팅이 완료된 상태이다. 나의 웹 서버 정보관리에 들어가 보자. FTP 정보 아래 그림처럼 데이터베이스 기본 정보가 보일 것이다.

› 데이터베이스 기본 정보	
DB HOST	localhost
DB NAME	hometest_godohosting_com
DB 아이디	hometest
DB 비밀번호	***************** [비밀번호 변경]
DB 관리툴 접속	[phpMyadmin 접속] [접속 URL 전송]

* 접속 허용된 IP 에서만 접속 가능합니다. [접속 허용 IP 관리]
* IP등록/수정은 휴대폰 인증이 필요하므로 회원정보의 휴대전화 번호를 확인해 주세요. *마이고도 바로가기>>*

이 화면을 열어놓고 새로운 탭을 클릭하여 여러분의 홈페이지로 들어가 보자.반가운 오른쪽의 화면이 열리면 워드프레스 설치가 성공적으로 진행되어 데이터베이스 정보를 입력하면 홈페이지 세팅이 완료된다.

워드프레스 설치 과정은 모두 끝이 났다. 정말 어려운 과정이지만 여기까지 잘 따라오셔서 성공하셨다면 여러분은 대한민국 1%의 홈페이지 제작자로 데뷔한 것이다.

⑥ 다FTP로 나의 웹서버에 접속을 하고 난 후 상단의 서버에 있는 index.html파일은 삭제해 준다. 그 다음 아래의 내 컴퓨터 바탕화면에서 압축을 해제한 워드프레스의 모든 파일을 선택(Ctrl+A)하고 업로드 버튼을 누르면 내 컴퓨터에 있던 워드프레스 모든 파일이 웹서버로 전송된다.

⑦ 다FTP로 전송이 완료되면 자신의 임시도메인 주소로 홈페이지를 방문해 보자. 필자의 홈페이지는 현재 http://hometest.godohosting.com 이다. 반가운 아래 화면이 열리면 워드프레스 설치가 성공적으로 진행되어 데이터베이스 정보를 입력하면 홈페이지 세팅이 완료된다.

무료 웹 호스팅을 신청한 고도몰로 로그인하여 나의 웹 서버 정보관리로 들어가면 위의 데이터베이스 이름, 사용자명, 비밀번호를 알 수 있다. 잘 메모한 후 아래 Let's go! 버튼을 클릭하고 다음으로 간다.

⑦ 다음 화면에서 고도몰의 나의 데이터베이스 기본정보를 복사하여 하단에 입력해 준다.
필자의 데이터베이스 이름은 hometest_godohosting_com, 사용자명은 hometest, 암호는 FTP비밀번호와 동일하다. 맨 하단에 테이블 접두어는 해킹방지를 위해 wp_에서 ht_ 로 변경하였다.

⑧ 아래와 같은 반가운 메세지 화면이 뜬다면 워드프레스 설치과정이 90%는 완료되었다고 볼 수 있다.

⑨ 이제 마지막 설치과정으로 여러분의 홈페이지 정보를 입력해 주면 완료된다.
사이트 제목, 사용자명, 암호를 입력해 준다. 사이트 제목은 나중에 얼마든지 다시 변경할 수 있고, 사용자명은 홈페이지 관리자 ID라고 생각하면 되고 암호도 잘 메모해 놓자.

⑩ 아래와 같이 성공! 메세지가 보인다면 워드프레스 설치과정은 모두 끝이 난다. 설치이후에는 FTP에 접속하거나 데이터베이스에 접속하는 일은 흔하지 않다. 워드프레스 관리자모드에 접속해서 모든 관리를 할 수가 있다. 아래의 로그인을 클릭하면 홈페이지 관리자모드로 접속하게 된다.

워드프레스 설치이후에는 이전에 복잡했던 다운받고 압축풀고 FTP에 접속하거나 데이터베이스에 접속하는 일은 흔하지 않다.

이제 워드프레스 관리자모드에 접속해서 모든 관리를 할 수가 있다.
워드프레스 관리자모드, 앞으로는 홈페이지 관리자모드라고 부르기로 한다.

워드프레스로 만들어진 홈페이지는 동일한 관리자모드 주소규칙이 있다.
바로 '홈페이지주소/wp-login.php' 이다. 필자의 테스트 홈페이지 관리자모드 주소는 http://hometest.godohosting.com/wp-login.php 가 된다.
이 곳 홈페이지 관리자모드로 들어가서 모든 디자인변경, 관리자 추가, 게시판 설치, 게시글 삭제, 팝업관리 등을 할 수 있다.

자신의 홈페이지 관리자 주소는 구글 크롬에 즐겨찾기로 해두면 자주 들어가야 하니 찾기가 쉽게 된다. 홈페이지 관리자모드로 로그인을 해 보자. 사용자명과 암호를 잘 관리해야 한다.

로그인을 하고 나면 알림판이라는 홈페이지 관리 화면이 열리게 된다.
이 알림판에서 홈페이지 메뉴를 추가하고, 페이지와 글을 작성하며, 테마디자인을 변경하고 플러그인 설치하고 테스트해 볼 수 있다.

이 홈페이지 관리자모드는 제작자 1명이 관리하는 것이 좋다. 사업의 규모가 커지고 홈페이지 방문자가 늘어난다면 별도의 홈페이지 관리자를 채용하여 전담자 1명이 모두 관리하는 것이 좋다. 알림판 왼쪽 상단 집모양을 클릭해 보면 현재 허술하게 설치된 홈페이지를 볼 수 있다.

이제 다음장에서 본격적으로 나의 사업에 맞는 테마디자인을 설치해보고 플러그인 등의 다양한 기능을 설치하고 테스트해 보자.

⑪ 홈페이지 관리자모드로 들어가면 모든 디자인변경, 관리자 추가, 게시판설치, 게시글 삭제, 팝업관리 등을 할 수 있다. 자신의 홈페이지 관리자 주소는 구글 크롬에 즐겨찾기로 해두면 자주 들어가야 하니 찾기가 쉽게 된다. 홈페이지 관리자모드로 로그인을 해 보자. 사용자명과 암호를 잘 관리해야 한다.

⑫ 홈페이지 관리자모드인 알림판에서 홈페이지 메뉴를 추가하고, 페이지와 글을 작성하며, 테마디자인을 변경하고 플러그인을 설치하고 테스트해 볼 수 있다.

홈페이지 디자인 실전

이제 본격적인 홈페이지 디자인과 중요 기능에 대한 설치를 해 보도록 한다.

필자는 본 책을 기획하며 여러 출판사에 기획안을 보내었고 그중에 선뜻 필자의 책을 출판해 주신 본 책의 출판사인 디지털북스의 홈페이지를 디자인 리뉴얼 샘플로 진행하고자 한다.

▲ 홈페이지 메인의 깨진 이미지는 플래시로 만들어져 대다수 웹브라우저에서 에러가 나고 있다.

현재 디지털북스의 홈페이지 주소는 http://www.digitalbooks.co.kr이다.

홈페이지가 만들어진 지 15년 정도 된 지난 상태라 모바일에서 확인해보니 모바일 최적화가 되어 있지 않다. PC 모양 그대로 보인다.

가장 필요한 작업은 PC와 스마트폰에서 모두 잘 보이게 하는 모바일 최적화(반응형 웹 구축)로 보이고 상단의 주요 메뉴는 출간 책 카테고리인 컴퓨터/그래픽, 취미/예술/영어, 출간 예정 도서, 이벤트, 공지사항, 필자 모집, 견본도서신청, 저자 커뮤니티, 자유게시판, 자료실 등으로 구성되어 있다. 게시판과 회원가입, 팝업 기능을 프로그램으로 설치한 상태이다. 이제 본격적인 홈페이지 디자인 실전을 시작해 보자.

가장 먼저 홈페이지 관리자 모드(알림판)에 들어가야 한다.

크롬에 즐겨찾기를 해 두었던 관리자 모드 주소(http://hometest.godohosting.com/wp-login.php)로 접속한다. 사용자명과 암호를 입력하면 홈페이지 관리자 모드로 접속된다.

첫 번째 해야 할 작업은 왼쪽 하단의 홈페이지 설정을 다듬어야 한다. 설정에 들어가면 일반 설정이 보이는데 사이트 제목과 태그라인을 수정한다. 사이트 제목은 포털사이트에 검색될 홈페이지의 제목이고 태그라인은 홈페이지에 대한 설명 부분이다. 이후에 언제든지 수정이 가능하다. 하단의 날짜 표시 형식을 확인하고 맨 하단의 변경 사항 저장을 항상 클릭하여야 제대로 저장이 된다.

다음 작업은 메인 작업이라고 할 수 있는 테마 디자인을 선정하는 작업이다.

이 테마 추가는 디자인 템플릿이라고 해서 거의 다 만들어진 홈페이지를 나의 홈페이지에 적용해 보는 작업으로 테마의 메인화면 이미지와 미리 보기를 해 볼 수 있는데 미리 보기의 경우 제대로 안 보이는 경우가 많은 데 이는 이미지와 플러그인이 설치되지 않아 보이는 현상이다.

오른쪽 메뉴 테마 디자인을 클릭하고 테마에 들어가면 이미 설치된 3개의 테마가 보인다.

워드프레스에서 제공하는 테마 이외에 상단의 새로 추가 버튼을 클릭한다.

테마 추가에서 최근 탭을 클릭해 보면 무려 6천 개 이상의 테마를 볼 수 있다. 이러한 테마는 전 세계에서 계속 추가되고 있으며 이곳에 검색되지 않고 별도의 개발 회사 사이트에서 무료로 다운로드할 수 있는 테마도 무수히 많다.

이곳의 무료 테마 이외에도 유료 테마를 구입할 수도 있는데 유료 테마는 그 디자인과 기능이 놀랄 정도의 수준도 많으며 그 금액은 몇 만 원이면 구입할 수 있다. 이 테마들은 각각의 개발 회사마다 디자인을 수정하여 적용하는 방식, 필수적인 플러그인들이 모두 제각각이라 시간을 갖고 여러 번 테스트를 거쳐야 한다.

이 수많은 테마를 모두 테스트해 볼 수는 없고 필자가 자주 사용하는 테마를 설치하여 진행하기로 한다. 테마를 선택할 때는 현재 홈페이지 리뉴얼을 하기로 한 디지털북스에 어울릴 만한 디자인을 선택해야 한다.

각 테마는 모두 고유의 이름을 가지고 있어서 검색으로 찾아 설치가 가능하다. 테마 리스트 오른쪽 상단의 검색창에 'Corporate Startup'를 입력하고 검색한다.

오른쪽의 차근차근 따라하기로 홈페이지를 직접 디자인해 보자.

홈페이지 디자인 실전

① 가장 먼저 홈페이지 관리자 모드에 들어가야 한다. 크롬에 즐겨찾기를 해 두었던 관리자모드 주소 (http://hometest.godohosting.com/wp-login.php)로 접속한다. 사용자명과 암호를 입력하면 홈페이지 관리자모드(알림판)으로 접속된다.

② 가장 먼저 해야할 작업은 왼쪽 하단의 홈페이지 설정을 다듬어야 한다. 설정에 들어가면 일반 설정이 보이는데 사이트 제목과 태그라인을 수정해 준다. 사이트 제목은 검색되어질 홈페이지의 제목이고 태그라인은 홈페이지에 대한 설명부분이다. 언제든지 수정이 가능하다.

하단의 날짜 표시 형식을 확인하고 맨 하단의 변경 사항 저장을 항상 클릭하여야 제대로 저장이 된다.

③ 테마 디자인을 클릭하고 테마에 들어가면 미리 설치된 3개의 테마가 보인다. 워드프레스에서 제공하는 테마 이외에 상단의 새로 추가 버튼을 클릭한다.

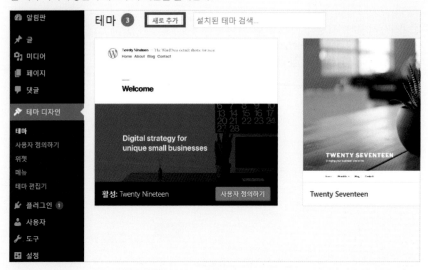

④ 테마 추가에서 최근 탭을 클릭해 보면 무려 6천개 이상의 테마를 볼 수 있다. 이러한 테마는 전 세계에서 계속 추가되고 있으며 별도의 개발회사 사이트에서 무료로 다운받을 수 있는 테마도 무수히 많다.

⑤ 테마 리스트 오른쪽 상단의 검색창에서 'Corporate Startup'을 검색하고 설치버튼을 클릭한다. 설치가 완료되면 버튼이 활성화로 변하는데 활성화를 클릭하면 테마가 적용된다.

⑥ 테마에 새로운 테마 'Corporate Startup가 추가되어 있고, 활성 상태에서 사용자 정의하기로 바로 들어간다. 사용자 정의하기는 테마의 디자인변경과 텍스트 수정을 빠르게 해 주는 기능이다.

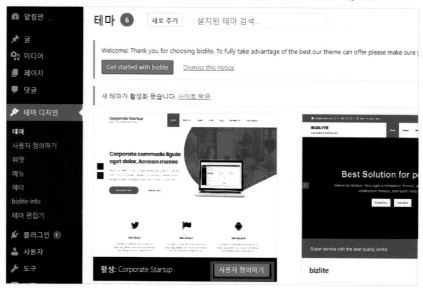

⑦ 사용자 정의하기로 들어가면 왼쪽에 사용자 정의 메뉴가 보이고 메뉴 순서대로 차근차근 디자인을 수정할 수 있다. 가장 먼저 사이트 아이덴티티로 들어가서 디지털북스의 로고마크를 올려 준다.

⑧ 디지털북스의 로고마크를 구글에서 검색하여 다운받고 사이즈를 가로 150px 세로 64px로 수정하고 로고선택을 클릭하여 삽입해 본다. 로고가 올라가면 파란 연필모양을 클릭하여 수정이 가능하다.

217

⑨ 사용자 정의에서 로고마크를 적용하고 상단의 공개 버튼을 반드시 클릭해 준다. 이제 홈페이지 메인 이미지 두 개와 문구를 준비한다. 알림판으로 가서 페이지로 들어간다. 페이지중에서 하나를 선택하여 다음과 같이 3가지를 수정해 준다. 제목과 내용, 특성 이미지, 템플릿은 Home Page로 변경하고 오른쪽 상단의 업데이트 버튼을 클릭해 준다.

특성 이미지는 픽사베이에서 'books'로 검색하여 깨끗하고 시원한 책이미지를 1920px 사이즈로 다운로드 받고 이미지 교체를 클릭하여 업로드해 준다.

페이지를 하나를 더 아래와 같이 수정해 준다. 특성 이미지는 픽사베이에서 'books'로 검색하여 책읽고 있는 여성의 이미지를 1920px 사이즈로 다운로드 받고 이미지 교체를 클릭하여 업로드해 준다.

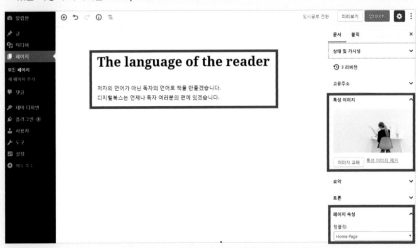

페이지는 홈페이지의 각각 페이지라고 할 수 있다. 회사소개, 컴퓨터/그래픽, 취미/예술/영어, 출간 예정도서, 이벤트, 공지사항, 필자모집, 견본도서신청, 저자 커뮤니티, 자유게시판, 자료실 등의 페이지를 차근차근 미리 만들어 놓으면 홈페이지 제작이 빨라진다.

⑩ 이제 앞 단계에서 만든 2개의 페이지로 홈페이지 메인에 들어가는 슬라이드 2개를 만들어 본다. 먼저 알림판 상단 집모양을 눌러 사용자 정의로 이동한다.

사용자 정의 메뉴 중 첫번째 Bizlite Options > Home Slider Section > Slider Option으로 이동하여 Show를 체크하고 Slider Page 1을 No pain, no gain으로 선택하고 Page 2는 The language of the reader를 선택한 후 상단의 공개 버튼을 반드시 클릭해야 적용이 된다.

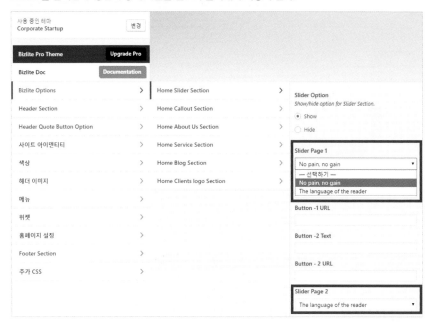

⑪ 메인 화면의 슬라이더에서 하단에 빨간 버튼을 2개 추가하고 싶다면 Button -1 Text 에 신간안내, Button -2 Text 에는 베스트셀러를 입력한다. 메인 화면에서 이 버튼을 클릭하면 해당 페이지로 이동하게 하는 기능인데 버튼에 해당하는 페이지를 만들어 링크주소를 Button -1 URL에 넣어주면 된다. 현재는 버튼만 생성하고 비워 놓는다.

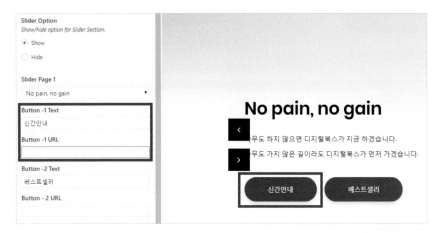

⑫ 디자인이 변경되는 있는 홈페이지의 모습을 확인해 본다. 상단의 로고와 메인 이미지만 가지고도 간결하고 힘있는 디자인의 홈페이지를 하루만에 만들어 낼 수 있다.
메인에 들어가는 이미지는 회사 또는 브랜드와 관련된 직접 촬영한 이미지를 사용하면 더 좋다.
이제 각 메뉴가 들어갈 페이지를 생성하여 상단메뉴 자리에 배치해 보자.

⑬ 상단 메뉴에 들어갈 페이지들을 만들어 보자. 가장 먼저 '신간 도서' 페이지를 만들어 본다. 알림판의 페이지로 들어가서 상단의 새 페이지 추가 버튼을 클릭한다.

⑭ 페이지의 제목을 신간 도서로 하고 내용을 입력한다. 내용은 신간 리스트 게시판 형태로 삽입 예정으로 하고 오른쪽의 고유주소를 반드시 영어로 변경해 주고 상단의 공개버튼을 클릭한다.

⑮ 페이지를 순차적으로 디자인과 내용을 채우지 않더라도 회사소개, 출간 예정도서, 이벤트, 공지사항, 필자모집, 견본도서신청, 저자 커뮤니티, 자유게시판, 자료실 등으로 미리 생성해 놓는다.
이렇게 생성한 페이지를 가지고 메뉴구성에 들어가야 한다.
알림판의 테마 디자인 안의 메뉴로 가면 만들어진 페이지가 보이고 체크한 후 '메뉴에 추가'를 누른다.
오른쪽으로 메뉴가 구성이 되고 순서는 드래그로 변경할 수 있다.

⑯ 위의 메뉴 추가를 통해 아래 그림처럼 홈페이지 메인에 메뉴가 추가되어 있다. 메뉴는 얼마든지 추가가 가능하며 주메뉴 아래 하위 메뉴가 위치하도록 만들수도 있다.
로고 추가, 메인 슬라이드, 메뉴 추가를 통해 어느 정도 홈페이지의 모양이 갖추어 지고 있다.

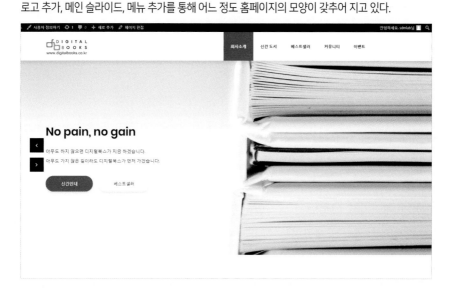

홈페이지 페이지 디자인

이제 회사소개 페이지를 한번 디자인해 보기로 하자.

최근의 홈페이지 내에서 정보를 주는 페이지는 PC와 스마트폰 양쪽에서 모두 최적화된 디자인을 요구한다. 예전처럼 HTML 방식으로 디자인을 하면 미려하지 않아서 전체 페이지를 이미지로 처리하던 시절은 아닌 것이다. 가독성과 디자인이 모두 충족되어야 한다.

먼저 회사소개 페이지를 클릭해 보자.

메뉴 구성을 위해 제목만 넣은 상태라 아무것도 없다. 여기에 중요한 것은 내용이지만 어떻게 아름답게 디자인할 수 있는지 차근차근 진행해 보기로 하자.

먼저 페이지를 아름답게 디자인하기 위해서 플러그인을 하나 설치해야 한다. 워드프레스 자체에서 제공하는 페이지 디자인 기능은 네이버 블로그 구성보다 더 어렵고 미려하지 않다.

워드프레스의 최대 강점은 다양한 플러그인이다.

전 세계의 실력 있는 프로그램 개발자들이 막강한 기능의 프로그램을 지속적으로 선보이고 있는데 최근 디자인 면에서도 상당한 기능을 가진 플러그인이 바로 Elementor Page Builder이다.

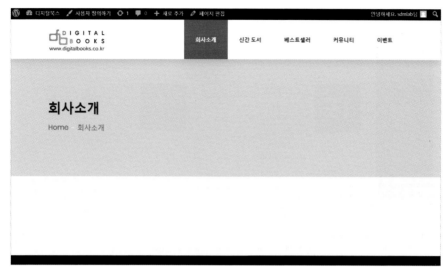

▲ 현재 회사소개 페이지에는 아무런 내용이 없다. 이 페이지를 어떻게 아름답게 구성할 것인가?

알림판의 플러그인 메뉴로 들어가 플러그인 검색으로 'Elementor Page Builder'를 검색한 다음 지금 설치를 눌러 설치를 한다.

설치 후 반드시 활성화를 클릭해야만 왼쪽 알림판 메뉴에 Elementor 메뉴가 추가된다.

페이지 디자인하기

① 회사소개 페이지를 디자인해 보기로 하자. 알림판의 플러그인 메뉴로 들어가 플러그인 검색으로 'Elementor Page Builder'를 지금 설치를 눌러 설치를 한다. 설치 후 반드시 활성화를 클릭해야만 왼쪽 알림판 메뉴에 Elementor 메뉴가 추가된다.

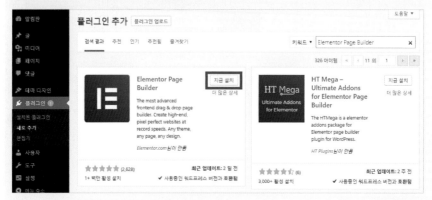

② 'Elementor Page Builder'플러그인을 설치하고 나면 왼쪽 알림판 메뉴에 Elementor가 추가된다. 사용법에 대한 유튜브영상이 보여진다. 사용방법을 한번 보고 시작하는 방법도 좋다. 워드프레스 홈페이지는 다양하고 막강한 기능의 플러그인 추가가 언제나 가능하다.

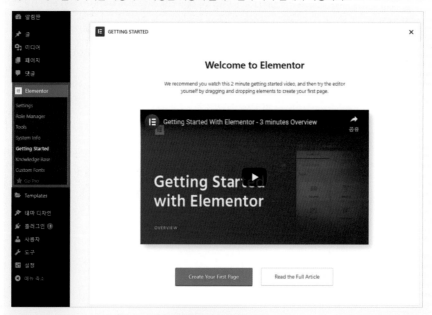

Elementor Page Builder플러그인은 페이지에 다양한 기능을 추가할 수 있고 디자인 템플릿 적용이 손쉬워 최근 가장 인기있는 플러그인중에 하나다. 무료로 제공되지만 일부 페이지 템플릿은 유료로 구매하여 사용할 수도 있다.

③ 이제 회사소개 페이지로 가서 디자인을 해보기로 하자. 회사소개 페이지로 이동하려면 상단의 집모양을 눌러 실제 회사소개 페이지로 이동한 후 상단의 페이지 수정을 클릭한다.

④ 회사소개 페이지편집이 가능한 상태로 변경이 되고 조금전에는 보이지 않던 파란버튼이 상단에 보인다. 바로 방금 설치한 Elementor이다. 파란색 버튼 Edit with Elementor를 클릭한다.

⑤ 위의 워드프레스에 페이지편집을 위해 기본 제공되던 화면과 전혀 다른 편집화면이 열린다. 바로 Elementor 편집화면이다. 하단의 회색 폴더모양 아이콘을 클릭해 보자. 이제 놀라운 Elementor의 디자인세계를 경험할 수 있다.

⑥ Elementor가 제공하는 페이지 디자인 라이브러리가 팝업으로 뜬다. 이 곳에서 회사소개에 적합한 디자인을 선택하고 클릭해 주면 페이지에 적용된다. 이 때 오른쪽 상단에 핑크색으로 PRO가 붙은 템플릿은 유료이며 붙지 않은 네번째 템플릿을 선택하고 Insert버튼을 클릭한다.

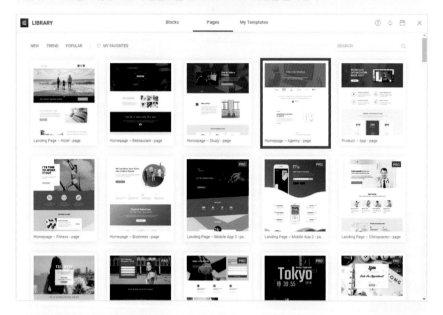

⑦ 아래 이미지는 선택한 라이브러리 페이지 템플릿이 적용된 회사소개 페이지 디자인이다.
가운데 흰색 Text인 'DESIGN YOUR WORDPRESS'를 '디지털북스가 꿈꾸는 디지털세상'이라고 한글로 바꾸고 바탕이미지도 밝은 이미지로 변경해 본다.

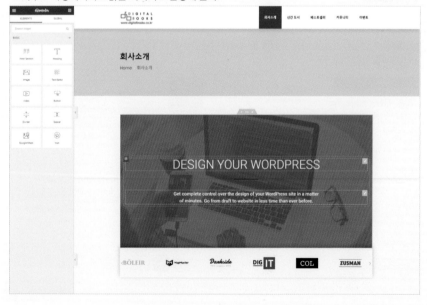

⑧ Elementor 템플릿으로 회사소개를 디자인하였다. 배경사진은 픽사베이에서 '건물'로 검색하여 다운받아 적용하였고 가운데 글씨들을 한글로 변경하였다. Elementor가 제공하는 페이지 템플릿은 잘 이용하면 상당한 수준의 디자인을 손쉽게 만들어 낼 수 있다. 물론 모바일에도 최적화가 된다.

⑨ 최종으로 회사소개 페이지 수정으로 들어가서 오른쪽 하단의 페이지 속성 템플릿을 Elementor Full Width으로 변경하여 업데이트 해 주면 더 완성도 있는 디자인을 볼 수 있다.

⑩ 최종 디자인된 회사소개의 모습이다. 다른 페이지들도 Edit with Elementor 이용하여 디자인한다.

홈페이지 게시판 설치하기

이제 커뮤니티와 같이 고객들과 소통할 게시판 프로그램을 설치해보자.

만약 워드프레스를 사용하지 않는다면 커뮤니티 페이지는 게시판 프로그램 설치를 위해 전문 프로그래머에게 비용을 지불하고 설치하여야 한다. 그러나 워드프레스는 플러그인에서 모두 해결이 가능하다.

알림판의 플러그인 새로 추가를 통해'망보드'를 검색하고 설치해보자.망보드는 우리나라에 개발자들이 만든 한국형 게시판 플러그인이다. 무료로 설치와 사용이 가능하며 모바일에도 최적화되어 있다.

게시판도 서버 용량이 허용하는 한 무제한으로 만들 수 있다, 일반 게시판 이외에 갤러리 형태로도 만들 수 있고 게시글을 남기는 이가 비밀번호를 설정하여 관리자와 1:1소통이 가능한 비밀글 기능도 가능하다.

워드프레스는 미국에서 개발되고 php 기반이라 국내 업체나 개인이 개발한 플러그인을 찾기가 쉽지 않은데 이 '망보드'는 너무 훌륭한 게시판 프로그램이다.

앞 장에서 설치한 Elementor 플러그인과 망보드를 모두 이용하여 디자인과 기능이 훌륭한 커뮤니티 게시판 페이지를 여러분도 만들 수 있다.

워드프레스의 플러그인은 전 세계에서 너무나 다양하고 막강한 기능의 무료 플러그인이 개발되고 선보이고 있다. 물론 유료 결제를 지속적으로 유도한다.

지금부터 다음 장의 차근차근 따라하기로 게시판 기능이 삽입된 커뮤니티 페이지를 만들어 보자.

홈페이지 게시판 설치하기

① 플러그 추가를 통해 망보드를 설치하고 활성화하고 나면 알림판 왼쪽 메뉴에 Mang Board가 보인다.
클릭 후 2번째 메뉴인 게시판 관리로 들어가서 오른쪽 하단의 게시판 추가 버튼을 클릭한다.
모든 게시판을 이런 형태로 무한정 추가할 수 있다.

② 게시판 추가를 클릭하면 아래 게시판 설정이 나온다. 게시판 이름은 영문으로, 게시판 설명은 한글
로 입력해 준다. 설정의 하단부에 매우 중요한 게시판 권한 설정이 있다. 목록 권한이 '0'으로 되어 있다.
'0'이란 누구나 게시글 목록을 볼 수 있게 한다는 의미이고, 두번째인 글쓰기 권한을 '0'으로 설정하면 누
구나 글을 쓸 수 있게 한다는 의미이다. 문제는 네번째 답변 권한, 댓글 권한인데 만약 홈페이지 관리자
만이 답변과 댓글, 수정, 비밀글을 가능하게 하고 싶다면 '0'을 '10'으로 변경하여야 한다.

③ 게시판 권한설정을 하고 오른쪽 맨 하단의 확인버튼을 누르면 아래와 같이 게시판이 생성된다. 생성된 게시판의 이름부분에 자료실 : [mb_board name="community" style=""]이 있는데 이런 코드를 '숏코드'라고 한다. [mb_board name="community" style=""] 부분만 마우스로 드래그하여 마우스 오른쪽 버튼의 메뉴로 복사하여 커뮤니티 페이지에 삽입하면 게시판이 생성된다. 현재는 숏코드 생성만 해놓고 다음 단계를 진행한다.

④ 숏코드를 복사한 상태로 알림판을 빠져나가 커뮤니티 페이지로 이동한다. 상단의 페이지 편집을 클릭하면 페이스편집 상태가 된다.

⑤ 페이지편집 상태에서 디자인을 좀 더 아름답게 하기 위해 상단의 Edit with Elementor 버튼을 클릭해 준다.

⑥ Elementor가 제공하는 디자인 템플릿을 삽입하기 위해 하단의 회색 폴더 아이콘을 클릭해 준다.

⑦ Elementor가 제공하는 라이브러리가 팝업으로 뜬다. 상단의 Blocks를 클릭하고 오른쪽 중앙부분의 커뮤니티에 상단에 배치할 부분디자인을 선택하고 Insert버튼을 클릭해 준다.

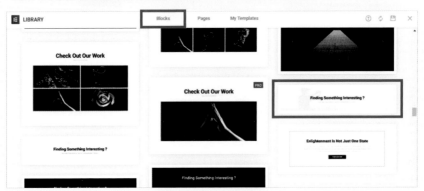

⑧ 커뮤니티 페이지에 Elementor Blocks 디자인이 삽입된 화면이다. 영문부분 'Finding someting...' 부분을 'Community Board'로 변경하고 하단의 작은 글씨는 한글로 '디지털북스에 대한 소중한 의견을 남겨주시면 빠른 답변 드리겠습니다.' 를 입력해 준다.

⑨ Elementor편집모드를 저장하고 빠져나와 커뮤니티 페이지 편집모드에서 오른쪽 하단의 페이지 속성 템플릿을 Elementor Full Width로 변경하고 업데이트 한다.

⑩ 업데이트 후 상단의 페이지 보기를 해 보면 아래와 같이 커뮤니티 부분의 상단디자인이 근사하게 완성되어 있다. 이 커뮤니티 상단디자인 아래에 게시판 숏코드만 붙여주면 커뮤니티 페이지가 완성된다.

⑪ 게시판 숏코드 복사을 위해 알림판으로 들어가서 Mang Board 게시판 관리에 들어가 게시판 숏코드 [mb_board name="community" style=""]를 마우스로 드래그하여 복사해 둔다.

⑫ 알림판 빠져나가 커뮤니티 페이지로 이동한 후 상단의 Edit with Elementor 버튼을 바로 클릭한다.

⑬ 왼쪽 Elementor 리스트아이콘에서 하단부에 [...]Shortcode를 마우스로 누르고 오른쪽 점선 박스 안으로 던져 넣어 준다. 숏코드 박스가 생성된다.

⑭ 왼쪽 공간에 복사해 둔 게시판 숏코드 [mb_board name="community" style=""] 붙여주면 오른쪽 하단부에 게시판이 생성되는 것을 볼 수 있다. 최종 맨 하단의 UPDATE를 클릭하고 페이지 보기로 간다.

⑮ 최종 커뮤니티 페이지에 게시판이 적용된 모습이다. 오른쪽 하단에 글쓰기 버튼이 생성되고 누구나 글을 쓸 수 있도록 권한 설정을 하였다. 댓글 및 수정, 삭제는 관리자만 가능한 상태이다.

홈페이지 푸터 디자인

홈페이지에 로고가 삽입되고, 메인화면에 슬라이더 2개가 돌아가고, 회사소개 등의 각 페이지가 보이고, 커뮤니티 게시판에 글쓰기 가능하다면 이 홈페이지는 당장 오픈하여도 손색이 없다.

그러나 한 가지 아쉬운 점은 홈페이지 첫 화면에 반드시 들어가야 할 회사 연락처, 주소, 지도, 개인보호 정책 등 하단부 디자인을 마무리하여야 한다. 이 부분을 푸터 디자인(Footer Design)이라고 한다.

이 푸터 디자인이 고객이 그 회사의 전화번호나 주소를 찾거나 회사의 개인 정보보호 정책, 기타 정보를 확인하는 부분이라 상당히 중요한 부분이다.

온라인 쇼핑몰의 경우 이 푸터 디자인에 사업자등록번호, 대표자명, 연락처, 통신판매 신고번호, 개인 정보보호 정책, 사업장 주소 등이 제대로 표기되어 있지 않을 경우 신용카드사에서 결제 시스템 연결을 거부당할 수도 있다. 정상적인 회사나 쇼핑몰로 인정받을 수 없다는 이야기이다.

이제 푸터 디자인을 오른쪽 차근차근 따라하기로 만들어 보기로 하자.

홈페이지 푸터 디자인하기

① 푸터를 디자인하기 위해서 알림판 > 테마 디자인 > 위젯으로 들어 간다. 위젯 우측 하단에 Footer Widget Area 1의 ▼을 클릭하고 빈 공간에 왼쪽의 사용할 수 있는 위젯 중에서 이미지를 마우스로 클릭한 채 드래그로 던져 넣어 준다.

② Footer Widget Area 1에는 회사로고 흑백을 가로크기 130px로 하나 제작하여 파일 업로드한 후 위젯에 추가하기로 삽입한다. 푸터의 바탕색이 검정바탕이라 로고도 흑백으로 수정한다.

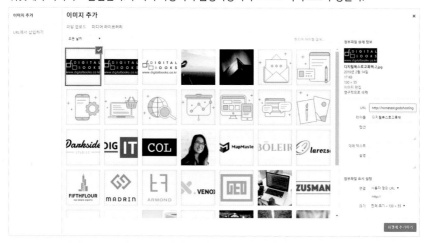

③ 푸터 1만 적용된 모습을 확인한다. 4단 구성으로 푸터 디자인을 구성할 예정이다.
1단에는 흑백로고, 2단에는 회사주소/연락처, 3단에는 공지사항, 4단에는 필자모집을 넣어본다.

④ 알림판 > 테마 디자인 > 위젯으로 들어가 푸터 2단에 텍스트 위젯을 던져 넣고 들어갈 회사 주소와 전화번호, 팩스번호, 이메일을 입력한다.

⑤ 푸터 3단에는 공지사항을 넣기 위해 글 목록 위젯을 마우스로 드래그하여 던져 넣는다. 글 목록은 게시판과 달리 알림판에서 글을 작성하면 순차대로 보여진다.

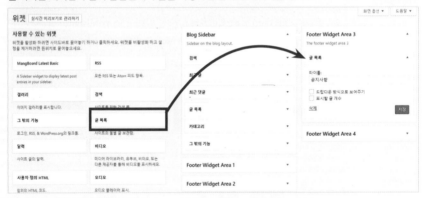

⑥ 공지사항에 들어갈 글 관리는 알림판 글에 들어가서 새로 추가로 글을 작성하면 된다. 이 글은 블로그형태로 디자인을 가미하여 페이지와 같이 디자인을 할 수 있다. 간단한 공지사항을 하나 작성한다.

⑦ 푸터 4에는 필자모집에 대한 텍스트 위젯을 드래그하여 삽입하고 텍스트를 입력한다. 저장한 후 알림판을 빠져나가 홈페이지 메인하단에 총 4개의 위젯이 잘 적용되었는지 확인한다.

⑧ 푸터가 최종 4단으로 아래와 같이 편집 완료되었다. 푸터에는 찾아오시는 길 지도나 개인정보보호 방침 등의 페이지를 연결할 수도 있다.

⑨ 최종 하단부의 Copyright 부분은 사용자정의에 들어가서 Footer Section으로 이동한다. '© 2019 DIGITAL BOOKS. All right Reserved.'를 입력하고 최종 저장한다.

필수 플러그인 설치하기

워드프레스로 홈페이지를 만들게 되면 기획안과 이미지가 잘 준비된 상태인 경우 하루 만에도 강력한 홈페이지를 만들어 낼 수 있다. 그것도 모바일에서 아주 잘 보이는 홈페이지로 만들 수 있다.

최근의 홈페이지들은 모바일 최적화가 가장 큰 관건이다. 아직도 많은 중소기업이나 작은 단체들의 홈페이지는 PC와 모바일을 따로따로 관리하거나 여전히 PC버전으로 보여서 손가락 두개로 열심히 확대해서 보아야 한다.

모바일에서 잘 안 보이는 홈페이지를 방문한 잠재 고객인 경우 회사의 신뢰도에 상당한 영향을 줄 수 있다.

포털사이트 방문자 70% 이상이 모바일을 통하여 방문한다는 통계만 보아도 홈페이지 모바일 최적화는 가장 신경 써서 구축하고 검토하여야 한다.

지금까지 워드프레스를 통하여 로고를 삽입하고, 메인화면에 이미지와 버튼을 넣고, 페이지들을 디자인하여, 게시판까지 세팅하여 홈페이지 제작을 해 보았다.

워드프레스의 가장 큰 장점이라면 다양한 기능을 플러그인 추가만으로 테스트해 볼 수 있는데 워드프레스 홈페이지에서 필수적으로 설치하는 플러그인을 소개하고자 한다.

첫 번째는 나의 홈페이지 방문자를 정밀하게 분석해 주는 통계 전문 플러그인이다. 바로 'Slimstat Analytics'인데 이 플러그인 설치하게 되면 알림판 메뉴에 Slimstat가 추가되면 홈페이지 통계를 자세히 볼 수 있다.

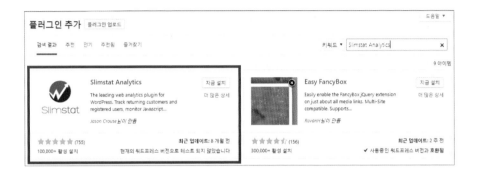

홈페이지 방문자들의 방문 경로, 사용 PC의 OS 버전, 모니터 사이즈, 가장 많이 본 페이지, 평균적으로 머문 시간 등의 중요한 정보를 확인할 수 있다.

페이스북을 통해 광고를 진행할 경우 PC를 통한 유입이 많은지, 모바일이 많은지 어떤 페이지를 많이 보는지 어떤 OS를 사용하는지를 분석해 보아야 한다.

지금 설치하게 되면 방문자의 데이터가 쌓인 내일 정도부터 확인 가능하다.

다음 장의 화면은 Slimstat Analytics 분석 자료이다. 일별 통계부터 월별, 시간대별 방문자 통계를 확인할 수도 있다.

홈페이지 방문자들 중에 IP가 중복이 되지 않는 방문자를 순방문자(Unique Visitor)라고 한다. 하나의 IP로 하루에 여러 번을 방문하더라고 방문자 수는 증가하나 순방문자 수는 1개로 잡혀야만 정확한 방문자 추이를 볼 수 있다.

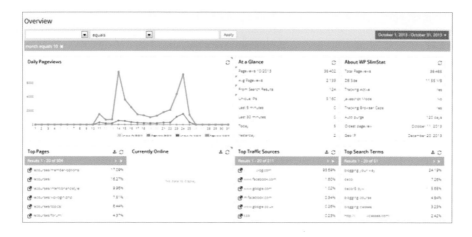

플러그인 'Slimstat Analytics'는 반드시 설치하여 수시로 분석하시길 권장한다. 'Slimstat Analytics'의 단 하나 단점이라면 모든 메뉴와 분석이 영어라는 것이다. 가장 많이 유입되는 채널과 키워드 정도만 분석해 보아도 중요한 자료이다.

또 하나 추천드리는 플러그인은 팝업 플러그인데 홈페이지를 방문하는 이의 입장에서는 매우 귀찮은 존재가 팝업인데 운영자 입장에서는 중요한 공지사항이나 이벤트를 시행할 때에는 매우 유용한 것이 바로 팝업이다.

필자가 디자인 구축한 수입 자동차 회사에서는 매월 팝업 디자인을 의뢰해 오는데 그만큼 효과가 있기에 지속적으로 팝업을 게시하는 것이다.

워드프레스 플러그인 검색에서 'popup'을 검색하면 다양한 플러그인 검색되지만 필자가 여러 가지 테스트해 본 결과 현재까지는 최강의 기능과 디자인을 가능하게 하는 플러그인은 'Popup by Supsystic'이다.

이 플러그으로 팝업을 제작하여 게시하면 역동적으로 왼쪽에서 빠르게 등장하거나 아래에서 올라오게 만들 수도 있고 모바일에서는 게시 제외를 할 수도 있다.

설치하고 나면 사용법을 유튜드영상으로 설명도 해준다. 물론 모두 영어다.

플러그인은 'Popup by Supsystic'은 다양한 디자인 템플릿도 제공하는데 영상이 포함된 팝업이나 지도가 포함된 팝업 등 다양한 팝업 디자인이 가능하다.

아래 화면이 바로 팝업 디자인을 선택할 수 있는 디자인 템플릿이다.

아래로 스크롤 해보면 수십 개의 다양한 팝업 디자인을 선택할 수 있는데 'Get in PRO'라고 푸른 버튼이 붙은 디자인은 39달러 정도에 구매해서 사용하는 유료 템플릿이다.

디자인을 업으로 하는 필자가 이런 템플릿을 사용할 때는 편리하기도 하지만 위기감을 느끼는 것도 사실이다.

이러한 해외에서 개발된 팝업 플러그인의 단점은 팝업 하단에 '□ 오늘은 그만 보기', '□ 팝업 다시 보지 않기' 등의 사용자 편의를 제공하기가 쉽지 않다는 것이다. 한글 메시지를 삽입하거나 메인화면에만 팝업이 뜨고 다른 페이지에는 전혀 뜨지 않게 한다는 등의 기능은 상당한 수고를 해야만 설정이 가능하다.

마지막으로 추천드리는 플러그인은 'Akismet Anti-Spam'이다.

워드프레스는 오픈소스 기반이라 스팸댓글이 달리는 것에 취약할 수 있다. 물론 설정에서 기본적으로 댓글은 모두 승인이 있어야 달 수 있지만 가끔 이상한 언어로 댓글이 달리거나 댓글 승인 요청이 들어오는 경우가 있다.

워드프레스는 기본적으로 블로그형 홈페이지라 알림판 메뉴에 가장 먼저 '글'이 위치하는데 이 글을 쓰게 되면 블로그 형태로 사용되어 하단에 댓글을 달 수 있도록 디자인이 되어 있다. 이 댓글 공간을 아예 삭제해 주는 플러그인도 있다.

반대로 이러한 댓글 공간에 자동으로 댓글을 달아 주는 플러그인도 존재한다. 그래서 반드시 'Akismet Anti-Spam' 플러그인을 설치해 주어야 스팸댓글을 방지할 수 있다. 아래는 Akismet Anti-Spam 플러그인의 기능 설명 그림이다.

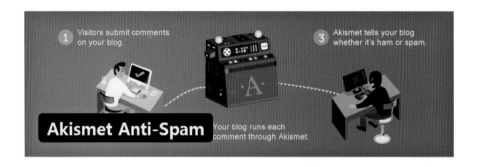

Akismet Anti-Spam은 플러그인 설치 후 활성화만으로 기능이 발휘되지는 않는다.

반드시 설정에 들어가서 Akismet Anti-Spam이 안내하는 과정으로 API 키를 받아서 진행하여야 한다. 보안 플러그인이라 사용법이 조금 까다로운 편이다.

플러그인 추천은 이렇게 3개 정도만 추천을 드린다. 구글에서 워드프레스에 유용한 플러그인을 검색하면 다양한 플러그인의 사용법을 배울 수 있다.

플러그인은 워드프레스의 꽃이라고 표현하지만 여러 가지 플러그인 설치하다가 내부 프로그램도 충돌이 되거나 불완전 설치가 되어 홈페이지 전체가 다운되는 경우도 가끔 발생한다. 그만큼 그 플러그인에 대한 사용자 리뷰를 찾아보고 설치하는 것이 좋다. 내가 설치한 테마 디자인과 개발된 플러그인이 충돌될 수도 있기 때문이다.

플러그인을 설치하다 홈페이지에 문제가 생길 시 플러그인을 삭제해 주어야 하는데 이때 바로 우리가 워드프레스를 초기에 설치하기 위해 접속하였던 '다 FTP'를 이용하여 나의 웹 서버로 접속한 후 삭제할 수 있다.

모든 플러그인은 웹서버 디렉터리 /wp-content/plugins/ 안에 모두 폴더 형태로 존재하는데 문제가 생긴 것 같은 플러그인을 통째로 삭제해 주면 문제가 거의 해결된다.

워드프레스에 대한 책은 서점에 가면 수십 종류가 존재한다. 필자도 워드프레스를 접한 지 8년이 넘어가는데 수십 수백 차례의 설치와 오류를 겪은 경험으로 가장 이해하기 쉽게 기술하였지만 짧은 지면에서 다 이해하기는 어려울 수 있다.

더 자세한 내용은 필자의 유튜브 채널이나 인스타그램 IGTV를 통해 동영상으로 강좌를 들을 수 있게 준비하고 있다.

홈페이지 제작 실습은 이제 마치고 다음은 내 사업 홍보와 온라인 쇼핑몰에 대하여 배워보기로 하자.

도전하라!온라인실전창업

Part 5 홍보하기

이메일 잘 활용하기

최근에는 이메일 마케팅의 중요성이 새롭게 등장하고 있는데 그 이유는 포털 사이트들이 스팸메일을 걸러주는 기능이 막강해졌고, 많은 사람들이 스마트폰을 통하여 언제 어디서나 메일을 확인할 수 있기에 이메일 개봉률이 상당히 높아졌기 때문이다.

현재 우리나라 이메일 중에 대표적인 한메일(다음메일), 네이버 메일과 외국계 메일인 구글의 G메일, 애플사의 iCloud 메일, 마이크로소프트의 Hot 메일은 중요한 기능 하나가 차이가 난다. 바로 수신확인인데 우리나라 메일에는 메일을 보내고 상대방이 읽었는지를 확인하는 수신확인 기능이 반드시 있지만 외국계 메일에는 이러한 수신확인 기능은 없다.

아마도 문화적인 차이가 아닐까 하는데 외국인들은 보낸 사람의 메일 기록이 중요하지만 우리나라는 여전히 메일을 받은 이가 확인하였는지가 중요한 것이다.

이메일을 잘 활용하면 비즈니스에 많은 도움을 받을 수 있다.

창업을 하신 분이라면 개인적인 메일과 업무적인 메일, 기타 용도의 메일로 분리해서 사용하실 것을 권장한다. 업무용은 반드시 수신확인이 가능한 메일로, 개인적인 메일은 스마트폰에서 언제든지 확인하고 답변할 수 있는 메일, 기타 용도는 신규 회원가입이나 인증용으로 사용하는 메일로 분리해서 사용하면 편리하다.

필자도 다양한 메일을 사용하는데 업무용으로 사용하는 회사 메일, 개인적으로 사용하는 이메일, 강의 교육용 이메일, 인증용 이메일을 모두 다르게 사용하고 있다. 명함에는 당연히 회사 메일만 표기하고 있다.

여러분이 작은 회사를 창업한 경우 업무용 메일이 있다면 고객에 더 신뢰감을 줄 수 있다. 비즈니스 관계로 만난 사람이 내민 명함이 회사 메일로 되어 있지 않고 포털사이트 메일 주소로 되어 있는 경우 회사 메일에 비해 신뢰감이 조금 덜 할 수 있다.

그렇다면 회사 메일은 어떻게 만들 수 있을까?
대기업처럼 이메일 하단에 멋지게 디자인된 서명까지 넣어서 보낼 수는 없을까 하는 고민을 하신다면 지금부터 차근차근 따라 해 보자.

필자의 메일 하단에는 이렇게 서명이 붙어서 발송된다.
하단의 서명 부분을 보면 모바일에서 확인하는 분들을 위해 가로형 서명 디자인을 사용하고 있다.

이렇게 시대가 변하고 기술이 변하면 서명 디자인도 변해야 한다.

그런데 회사 메일 계정을 사용하려면 비용이 상당히 들지 않을까 고민하시는 분이 있는데 그 고민은 도메인 구입 하나 정도면 걱정 안 하셔도 된다.

바로 다음메일의 Daum 스마트워크 서비스이다.

Daum 스마트워크 서비스는 다음메일의 무제한 메일 공간을 내 회사의 메일로 사용할 수 있는 서비스이다. 기업 메일 서비스인 유료 메일 서비스에 비하여 도메인 하나만 구입하면 매월 비용이 발생하지 않고 다음메일의 다양한 서비스를 동시에 사용할 수 있다.

예를 들어 필자의 다음메일 주소는 unclebrown@daum.net인데 다음 메일함 하단의 Daum 스마트워크 서비스 신청하고 사용하면 회사 메일인 kimpro@sdml.co.kr을 동시에 한 메일함에서 받고 보내기가 가능한 것이다.

메일함 용량도 20G 이상 넉넉하고 스팸메일 필터링 기능, 외부 메일 불러오기로 네이버, 네이트, 구글, 핫메일까지 모두 한곳으로 불러올 수 있다.

Daum 스마트워크 서비스를 이용하는 방법은 다음과 같다.

먼저 용도를 선택해야 한다. 기업용인지 개인용인지 친목/단체 용인지를 선택한다. 기업/기관용으로 선택하고 신청을 해 보자. 2단계는 도메인을 구입하거나 이미 소유하고 있다면 도메인을 등록해야 한다.

도메인을 없다면 구입을 먼저 해야 하는데, 되도록 가비아 또는 후이즈에서 구입하도록 권유하고 있다.

다른 저렴한 도메인 구입처에서 도메인을 구입하고 스마트워크 서비스를 신청해도 되는데 이 경우 도메인 등록처로 로그인을 하여 도메인의 MX 레코드 값을 daum.net으로 변경하여야 서비스 이용이 가능하다.

복잡하다면 그냥 가비아 또는 후이즈에서 도메인을 구입하면 설정 없이 간단하다.

같은 도메인이라도 가비아와 후이즈는 가격차이가 제법 있다. 직접 비교해 보고 구입하시기 바란다. 다음 단계로 서비스를 이용하기 위한 정보 입력을 정확하게 하면 된다.

도메인 구입을 완료하고 신청 절차를 완료하고 나면 잠시 후부터 신청한 여러분의 회사 메일을 사용할 수 있다.

서비스 사용이 가능해지면 가장 먼저 해야 할 작업이 서명 설정이다. 서명 설정은 다음메일의 환경설정에서 바로 가능하다. 5가지 정도의 기본 디자인을 제공한다. 서명 설정에서 회사의 로고가 작은 크기의 이미지로 준비되어야 아래와 같이 깔끔해진다.

필자는 대기업에서 고객을 대상으로 이메일 마케팅 업무를 전담한 적이 있다.

고객에게 유익한 정보를 전문 작가에게 의뢰하여 정기적으로 이메일을 대량으로 발송하는 업무였다. 대량 이메일 발송은 여러분이 직접 하기에는 무리가 있다.

먼저 발송할 대량의 이메일 정보가 있어야 하는데 고객의 동의 없이 이메일을 수집하거나 이메일을 발송할 경우에는 불법으로 신고를 당할 수 있다.

반드시 온라인 회원가입단계에서 이메일 수신 동의를 거친 회원에게만 정기적으로 메일을 발송할 수 있다.

아래의 그림처럼 하단부에 '소식지 수신을 동의하였기에 발송된 메일입니다.'를 반드시 표기하고 고객에게 이메일을 전송하여야 한다.

수많은 기관이나 회사에 회원가입을 하고 나면 이메일로 여러 가지 다양한 정보가 담긴 이메일이 도착하는데 이러한 정보 이메일도 잘 활용하면 고객과의 관계 유지에 많은 도움이 된다.

고객이 흥미 있어 할 만한 좋은 정보를 발굴하여 제목 부분만 이메일 형태로 디자인하고 이미지를 클릭하면 홈페이지로 유입시키는 전략이 바로 이메일 마케팅이라 할 수 있다.

지인분 중에는 개인적으로도 이러한 이메일 매거진을 만들어 정기적으로 10년째 메일을 보내주시는 분도 있다. 이러한 꾸준함이 빛을 보셨는지 유명한 책의 저자이자 방송인으로 활약하고 있다.

바로 창직학교 맥아더스쿨 교장이신 정은상 교장이시다.

'창직이 답이다!'라는 책도 출간하시고 많은 강연과 개인 코칭을 열정적으로 진행하고 있다.

다시 한번 강조 드리지만 부지런함을 이기는 마케팅은 없다.

비즈니스 관계에서 받은 명함에 포함된 이메일을 잘 정리하여 가끔씩 감성적인 이메일로 인사를 전한다면 손편지 못지않은 감동이 전달되기도 한다.

수신 동의를 받은 고객의 이메일 리스트가 있거나 다수의 지인에게 이메일을 동시에 보내야 한다면 이메일 리스트는 엑 셀 데이터로 정리되어 있어야 발송이 편리하다.

대량 이메일을 저렴한 비용으로 대신 발송해 주는 업체도 많이 있다.

아래는 필자가 주로 이용하는 뿌리오 메일 서비스인데 다양한 이메일 템플릿 디자인을 제공하고 엑셀 리스트 발송과 발신 결과, 수신확인도 가능하다.

SMS와 MMS 보내기

우리가 스마트폰으로 짧은 문자를 보내는 것을 단문메시지서비스 SMS(Short Message Service)라 하고 영상 또는 이미지가 포함된 멀티미디어 메시지 서비스를 MMS(Multimedia Messaging Service)라고 통칭한다.

창업을 하고 난 이후에 다양한 방법의 홍보방법을 시도하게 되는데 여러 채널을 통해 수집된 마케팅에 동의한 휴대폰 번호를 가지고 SMS나 MMS를 대량으로 보내야 할 때가 있다.

특히 명절이나 연말, 연초에는 고객에게 감사의 인사 메시지를 SMS 또는 MMS로 발송해야 할 경우가 있다. 이때 고객의 이름이 들어가지 않고 똑같은 메시지를 그냥 대량으로 발송한다면 큰 고민이 없겠지만 받는 사람의 입장에서 생각하면 나의 이름이 없이 받는 인사 메시지는 그냥 스팸 메시지와 다름없다고 생각할 수 있다.

그렇다면 고객의 이름과 휴대폰 번호를 가지고 동일한 메시지이지만 이름이 변경되어 자동으로 발송되는 서비스는 없을까?

그러한 고민을 해결해 주는 사이트가 있다. 앞 장에서 대량 이메일을 보낼 때도 활용할 수 있는 뿌리오(www.ppurio.com)를 이용하면 간단하다.

이용요금도 알고 있어야 향후 마케팅 진행에 참고할 수 있다. 2019년 2월 현재 뿌리오에서 단문을 발송하면 부가세별도로 건당 단문은 21.82원, 장문은 45.46원이다. 단문(SMS)은 90byte 이내이고, 장문(MMS)은 2,000byte이다.

가격은 약 2배이지만 장문에 담을 수 있는 데이터의 양은 단문의 20배가 넘는다. 수만 명의 고객이 아니라면 단순한 문자메시지보다 정성스러운 이미지와 짧은 정지 영상(GIF)까지 포함한 MMS를 보낸다면 그 효과는 차이가 있다.

뿌리오에서 고객의 이름이 들어간 단체 메시지를 보내는 방법을 알아보자.
하단의 그림처럼 간단한 이벤트 안내 단문 메시지를 단골 고객들에게 보낸다고 가정하면 단순하게 '★깜짝 이벤트★ 3월 한 달 방문 고객께 예쁜 사은품을 드립니다. ☆고운 머리 미용실☆' 이렇게 보내는 것보다 'OOO 고객님 ★깜짝 이벤트★ 3월 한 달 방문 고객께 예쁜 사은품을 드립니다. ☆고운 머리 미용실☆' 이렇게 고객의 이름을 넣어 각각 다르게 발송하면 참여도는 더욱 높아진다.

고객의 이름을 문자메시지에 각각 삽입하는 방법은 뿌리오 주소록의 이름 공간에 엑셀로 고객의 이름과 전화번호를 업로드해 놓는 방법이다. 엑셀을 열고 복사 후 뿌리오 주소록에 붙이기만 해주면 끝난다.

장문메시지 MMS도 같은 방법으로 홈페이지 주소와 자세한 이벤트 내용을 포함하여 고객의 이름과 포인트 내역 등을 발송할 수 있다.

발송 비용이 조금 비싸기는 해도 포토메시지(건당 90원, 부가세별도)도 템플릿을 이용하면 정성스러운 메시지를 발송할 수 있다.

포토메시지의 경우 아래 그림처럼 다양한 이미지를 선택하여 발송할 수 있다.

이미지를 선택하여 텍스트를 추가하거나 자신의 사진을 업로드하여 전송하기도 가능하다.

스마트폰을 갖고 있지 않은 고객을 찾기가 더 어렵다. SMS나 MMS를 잘 활용하여 고객과의 관계를 늘 친밀하게 유지하는 것도 창업 성공의 한 방법이다.

페이스북에서 광고하기

필자는 디자인 교육과 소셜마케팅 관련 교육 회사를 운영하고 있다. 온라인보다는 오프라인 회사 교육장에서 교육 진행을 하기 때문에 사무실이 있는 지역을 중심으로 SNS 채널 광고를 고민하다 페이스북과 구글에서 광고를 진행하고 있다.

만약 네이버 파워링크에 들어가는 키워드 광고를 진행한다고 가정하면 '디자인 교육', '소셜마케팅 교육', '디자인마케팅 교육' 등의 단어로 지역을 정하지 못하고 광고를 진행해야 한다.

왜냐하면 네이버는 로그인을 하지 않아도 검색이 되기 때문에 사용자 위치 기반 광고는 불가능하다. 물론 네이버에 접속한 IP를 기반으로 지역 위치기반 노출은 가능하다. 그러나 접속자의 나이, 성별은 알 수가 없다. 그리고 네이버는 무조건 먼저 충전을 해야 진행이 되는 선불 광고 방식을 채택하고 있다.

페이스북은 일단 무조건 로그인한 사람을 기반으로 운영되기 때문에 지역, 연령, 성별을 타게팅 하여 광고를 진행할 수 있다. 신용카드나 체크카드를 등록하면 인증을 거쳐 후불제로 광고를 진행할 수도 있다.

지금부터 페이스북에서 광고하는 방법을 알아보자.

먼저 페이스북 광고는 여러 가지 상품이 있으나 페이지 기반 광고를 먼저 진행한다.

페이스북 광고를 진행하기 위해서는 페이스북 페이지를 먼저 만들어야 한다. 페이스북 페이지 만들기는 Part3 실전 온라인 채널 구축 부분에서 자세히 설명하였다. 혹시 페이지가 없는 분은 먼저 페이지를 만들고 진행해야 한다.

페이스북 페이지를 먼저 열고 왼쪽의 파란색 홍보하기 버튼을 클릭한다.

홍보하기 팝업이 다음 장 그림과 같이 뜨게 된다.

어떤 유형의 광고를 원하는지 페이스북이 물어본다. 필자의 경우 페이스북 광고를 보고 홈페이지로 유인하여 교육신청을 하게 하는 유형을 선택하고자 하였다. 하단의 웹사이트 방문자 늘리기를 클릭한다.

페이스북 광고 유형 6가지를 살펴보면 여러분의 창업에 도움이 되는 광고는 어떤 광고일까 하고 생각하게 된다.

첫 번째는 '게시물 홍보하기'이다. 페이스북 페이지를 개설하는 목적은 페이지에서 좋아요를 많이 받아 팬을 많이 확보하는 것인데 재미있거나 유익한 게시물을 만들고 이 게시물 홍보하기를 통해 아직 팬이 되지 않은 새로운 팬을 확보하는 좋은 방법이 될 수 있다.

두 번째는 '메시지 보내기 버튼 홍보하기'이다. 광고하단에 메시지 보내기 버튼을 삽입하여 고객의 의견을 직접 메시지로 받아 볼 수 있는 광고 방식이다.

세 번째는 '페이지 홍보하기'인데 첫 번째 '게시물 홍보하기'보다 조금 더 큰 개념으로 페이지의 팬이 되면 주어지는 다양한 이야기를 미리 보여주고 팬을 확보하는 광고 방식이라 할 수 있다.

네 번째는 '더 알아보기 버튼 홍보하기'인데 광고를 진행 중인 페이지 오른쪽에 이미 삽입되어 있는 행동 버튼 '더 알아보기', '서비스 예약', '연락하기', '구매 또는 기부하기', '앱 또는 게임 다운로드'등의 행동을 유도하는 광고 방식이다.

다섯 번째가 웹사이트 방문자 늘리기인데 페이지 운영은 아직 미미하여 곧바로 페이스북 광고를 통해 홈페이지 방문자를 늘리고 싶을 때 사용하는 광고 방식이다.

마지막 여섯 번째 광고 방식은 고객이 입력할 수 있는 빈 양식을 만들어 사람들로부터 필요한 정보를 확보하는 방식의 광고이다.

여러 광고 방식을 공부해 보면 필자가 진행하려는 웹사이트 방문자 늘리기 이외에도 다양한 방법의 광고 진행을 고민해 볼 수 있다.

가장 간편한 페이스북 광고 진행을 진행해 보자. 웹사이트 방문자 늘리기를 클릭하면 아래 화면으로 이동한다. 웹사이트 주소와 이미지가 미리 불려 있다.

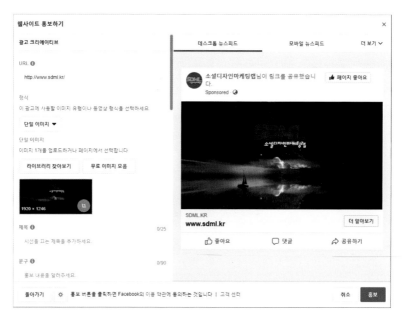

이것은 여러분이 페이지를 만들 때 입력한 홈페이지 주소와 페이지 커버에 쓰인 이미지를 호출하여 놓았을 뿐이다.

광고의 형식은 아래 그림처럼 4가지 형태로 가능하다.

이미지 1개이거나 동영상 1개, 가로로 스크롤이 가능한 슬라이드, 이미지 10개를 포함한 동영상 광고 방식이다. 광고 방식에 따라 상당한 이미지 전략이 필요하므로 현재는 이미지 1개로 진행해 보자. 단순한 이미지만으로 흥미를 끌 수가 없다. 홈페이지로 유입시키기 위한 흥미 있는 문구가 포함된 배너이미지가 필요하다.

필자는 무료교육을 해 준다는 콘셉트로 '디자인/마케팅 교육 그룹 강의 Free!'라는 문구를 깨끗한 소그룹 강의실 사진 위에 배치하였다.

배너 이미지는 경우에 따라 배경에 비해 텍스트가 너무 많거나 이미지가 너무 저품질(가로 700px 이상 권장)일 경우 페이스북 광고팀으로부터 광고 승인을 받지 못하고 보류가 될 수 있다. 아래는 페이스북 광고 제작 가이드 내용이다.

Facebook은 텍스트가 20% 미만을 차지하는 이미지의 성과가 더 좋다는 사실을 파악했습니다. Facebook, Instagram과 Audience Network에 노출되는 광고는 타깃과 광고주 모두에게 더 나은 경험을 제공하기 위해 광고에 사용된 이미지 텍스트의 비중을 확인하는 검토 과정을 거칩니다. 이러한 검토에 따라 이미지 텍스트 비중이 높은 광고는 노출되지 않을 수 있지만 예외에 해당되는 광고 이미지도 있습니다. 예를 들어 책 표지, 앨범 표지, 제품 이미지 등이 예외에 해당되는 경우가 많습니다.

배너 이미지에서는 많은 이야기를 하기보다는 궁금증 또는 호기심을 유발할 수 있는 이미지와 카피가 필요하다.

배너 이미지를 등록하고 다음 단계를 진행해 보자. 제목과 문구를 입력해야 한다.광고의 제목과 내용을 입력하는 과정인데 제목은 하단에 굵은 글씨로 문구는 최대 90byte이 내 3줄 정도 입력이 가능하다. 문구가 장황하고 길 필요는 없지만 홈페이지 유도를 위해 상세하게 내용을 작성하고 '지금 바로 신청하세요~'라는 행동을 요구하였다.

문구를 입력하고 나면 하단에 행동 유도 버튼을 변경할 수 있는데 '더 알아보기'는 홈페이지를 방문하셔서 더 자세한 정보를 확인하고 신청하라는 의미이지만 '지금 예약하기' 버튼으로 변경하면 곧바로 신청 화면을 띄워놓을 수도 있다.

온라인 홍보나 광고는 다양한 방법을 시도해 보아야 하기에 1주일 단위로 배너 디자인과 문구 등을 교체하면 소비자 반응을 점검해 볼 필요도 있다.

조금은 더 강렬하고 흥미 있는 문구로 배너를 교체해 보기도 하고, 지역이나 연령 등의 타깃을 변경해 보면서 광고효과를 측정해 볼 필요가 있다.

오프라인 광고도 마찬가지로 전단지를 신문에 넣어 배포하였을 때와 직접 길에서 나눠주었을 때의 광고효과를 측정해 보아야 하는 것과 같다.

다음은 중요한 광고의 타깃을 지정하는 과정이다. 성별은 남성, 여성 전체를 선택하고 연령은 교육에 관심이 많은 20~40대, 위치는 충남 공주와 청주를 중심으로 반경 40km로 설정하였다. 맨 하단에 친절하게도 최대 도달이 54만 명이라고 표시된다.

다음 과정은 위 오른쪽의 광고 집행 예산 및 기간인데 테스트 광고라 딱 10일간 진행해 보기로 하였다.

일일 예산을 2만 원으로 설정하면 총 지출 금액은 10만 원이 세팅된다. 페이스북은 빅데이터 분석에 의해 일일 예산에 따라 일일 추산 클릭수가 39~227회로 알려준다.

만약 일일 예산 2만 원에 200회 정도 홈페이지로 유입되는 클릭이 일어난다면

1클릭당 100원을 쓰게 되는 것이다. 10만 원을 사용하여 홈페이지 유입이 200회 X5일, 1000명의 순방문자가 발생한다면 이 광고는 대박이 나는 것이다.

이렇게 최종 광고 내용을 작성하고 결제수단을 등록하면 광고 심의 가 진행이 되고 24시간 이내에 광고가 게시된다. 결제수단은 해외에서 승인이 가능한 비자, 마스터, 아메리칸 엑스프레스카드만 가능하며 직불 체크카드도 등록이 가능하다.

보통 광고가 진행이 되고 7~10일 정도 지난 시점에 카드 결제가 해외에서 승인 요청이 들어오게 된다. 페이스북은 국내 업체가 아니기 때문에 광고 진행이 끝나고 방심하고 있는 사이에 야심한 밤, 카드 결제 승인 메시지가 와서 깜짝 놀라기도 한다.

페이스북 광고는 다양한 이미지과 카피, 지역과 연령 등의 여러 테스트를 해 본 결과 비용대비 효율은 상당히 좋은 편이다. 도전해 볼 만한 온라인 홍보영역이다.

페이스북 네이버 연동하기

　나의 네이버 블로그를 방문하는 사람과 페이스북 페이지의 팬은 전혀 다른 성향의 사람일 수 있다. 그러므로 우리는 네이버 블로그에 쓰는 이야기와 페이스북 페이지 게시물을 같은 내용, 같은 사진으로 도배하는 실수는 하지 말아야 한다.

　네이버 블로그를 쓸 때는 전문적이고 자세하게 기술하고, 페이스북 페이지에는 팬들에게 도움이 되는 유익하고 흥미 있는 내용으로 이야기 톤과 매너를 일관성 있게 유지해 주어야 한다.

　다음 장에서는 페이스북 페이지에 네이버 블로그를 게시하는 방법과 네이버 블로그 위젯에 페이스북 페이지를 게시하는 방법을 배워보기로 하자.

　연동이라는 의미는 동시에 움직인다는 뜻이다. 네이버 블로그에 글을 쓰고 그 글의 고유 주소(URL)를 그냥 페이스북 페이지 붙인다면 연동이 아니라 수동 연결인 것이다. 지금부터 과정은 네이버 블로그에 글을 쓰면 자동으로 페이스북에 게시되도록 하는 방법을 배워보자.

먼저 네이버에 로그인하여 내 정보 한 가지를 수정하여야 한다. 로그인 후 상단의 내 정보를 클릭한다.

클릭 이후에 내 정보에서 상단의 보안 설정으로 들어가 오른쪽 하단의 외부 사이트 연결의 확인하기 버튼을 클릭한다.

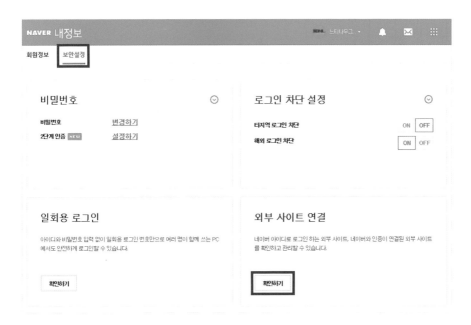

외부 사이트 연결로 들어가서 상단의 중앙의 탭 연결 계정 관리를 눌러 주면 페이스북 아이콘이 보이고 끝기에 초록버튼 불이 들어와 있다.

구글 크롬에서 페이스북이 이미 로그인되어 상태로 연결 버튼을 클릭하면 곧바로 연결되었다고 메시지가 뜨고 연결에 초록불이 들어온다.

이제 네이버 계정과 페이스북 계정이 연동된 것이다. 내 블로그로 이동하여 글을 한번 써 보도록 하자. 위의 페이스북과 네이버 연동하기로 간단히 글을 작성하였다.

네이버 블로그에 글쓰기를 완료하고 발행을 하게 되면 블로그 첫 화면에 글이 게시된다. 이 글의 하단을 보면 공유 버튼이 보이는 데 페이스북 보내기를 클릭해 보자.

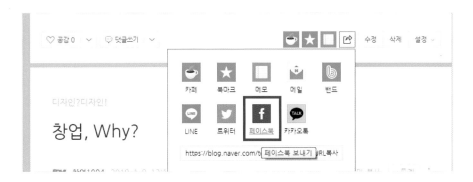

클릭과 동시에 하단 그림처럼 Facebook에 공유하기 팝업이 뜨게 되는데 개인 프로필에 붙일 수도 있지만 되도록 정보성의 글은 페이지에 공유를 권장한다.

관리 중인 페이지에 공유를 선택하고 하단에 자신이 만든 페이지를 선택한다.

그냥 내용 없이 공유하기 보다 페이스북 페이지를 방문한 팬들이 당황하지 않도록 감성적인 이야기로 내용을 남겨주면 좋다.

하단의 게시 버튼을 누르고 페이스북 페이지에 가서 확인해 보자.

확인해 보니 페이지에 깔끔하게 잘 게시되어 있다. 네이버에서 페이스북으로 연동하기는 참 쉬운데 페이스북이 내 블로그에 보이게 하는 방법은 없을까?

이제 페이스북이 나의 네이버 블로그에 보이는 방법을 알아보자.네이버 블로그에는 레이아웃에서 사이드바에 위젯을 자유롭게 등록할 수 있도록 되어있다. 페이스북뿐만 아니라 어떤 사이트도 연결할 수 있다.

사실 이 위젯 설치는 블로그 모든 포스트 사이드바에 배너광고형태로 이미지에 페이스북 페이지 링크를 걸어주는 편법에 불과하다.

기업 블로그를 작성할 때 포스트의 마지막 부분에 태그 이외에 그 업체의 광고 배너를 항상 삽입하여 클릭을 유도하는 광고 배너와 그 기능은 동일하다.

페이스북 페이지에 쓴 글이 자동 연동되어 네이버 블로그에 보이거나 하는 기능은 아직까지는 없다.

단, 네이버 블로그를 방문한 사람들이 블로그 주인장의 페이스북도 궁금하거나, 인스타그램도 궁금할 경우에 클릭하면 바로 이동하도록 붙여놓는 배너 광고인 것이다.

먼저 위젯에 들어갈 배너 이미지를 하나 만들어 본다. 페이스북 로고에 간단한 글씨를 넣은 것이다. 다음과 같은 이미지를 만들어 준다. 크기는 160X213px로 한다.

배너 이미지를 준비한 다음 자신의 네이버 블로그에 비공개로 위의 이미지를 올려 준다. 이미지를 네이버 서버에 올리는 단순한 작업이다.

비공개로 쓴 글을 확인하고 배너 이미지 위에 마우스 오른쪽을 클릭하여 이미지 주소 복사를 클릭한다.

자신의 네이버 블로그 관리〉꾸미기 설정〉레이아웃·위젯 설정으로 이동한다.

오른쪽 하단의 +위젯 직접 등록 버튼을 클릭한다.

위젯명은 페이스북 배너, 위젯 코드에는 다음과 같이 입력한다. 핑크색 부분을 주의하여 입력하고 하단의 다음을 눌러 위젯을 등록한다.

`<a target="_blank" href="`자신의 페이스북 페이지 주소`">`
`<img src="`네이버에 올린 페이스북 배너 이미지 주소`"/></a>`

이제 내 블로그로 가서 페이스 배너를 확인해 보자. 비공개로 올린 이미지 글은 보이지 않는다. 왼쪽 사이드바 하단에 당당히 페이스북 배너가 붙어 있다. 클릭하게 되면 페이스북 페이지로 이동한다.

인스타그램에서 홍보하기

최근 인스타그램의 국내 사용자가 1천만 명을 돌파하고 당분간은 대적할 이미지 기반의 SNS는 없어 보인다. 인스타그램의 독주가 시작되고 있다.

지난 Part3에서 인스타그램 계정을 개설하였다. 이제는 홍보하기를 배워보도록 하자.

인스타그램은 관심 기반 SNS라고 부른다. 아직 나의 채널은 미흡하더라도 내가 관심 있는 검색어를 검색하면 나와 관심사가 같은 수많은 친구를 만날 수 있다.

여러분이 만약 수입차 딜러라면 해당 수입차를 현재 타고 있거나 타고 싶은 사람, 그 수입차에 화가 난 사람 등 관심이 있는 수많은 사람을 만날 수 있다.

인스타그램에서 '#벤츠 스마트'를 검색해 보자. 게시물이 1317개 검색이 된다. 최근에 벤츠 스마트를 구입한 사람, 지나가는 길에 이 차를 사고 싶어 사진을 찍어 공유한 사람 등 하나하나 클릭해 보면 그들의 상태를 알 수 있다. 만약 여러분이 이 차와 관련된 세일즈를 한다면 이 관심사와 같은 이들을 팔로우 하자. 팔로우를 하고 나서 간단히 댓글을 남긴다면 의외의 반응이 있을 수 있다.

인스타그램을 통해 마케팅을 진행하려면 먼저 나의 프로필을 전략적으로 꾸며야 한다. 관심사가 같은 이들과 팔로우를 하고 나면 그들이 나에게 관심을 보이고 맞팔을 하기 위해 방문할 수 있다. 그런데 프로필을 보니 도대체 알 수 없는 사람이라고 생각되면 다음 단계를 진행할 수가 없는 것이다.

다음은 인스타그램 프로필을 전략적으로 구성한 사례이다.

왼쪽은 비즈니스 계정으로 작성한 프로필이고 오른쪽은 개인 계정 프로필이다. 인스타그램은 페이스북과 같이 개인 프로필, 페이지 형태로 구분하지 않고 개인 계정으로 계속 사용하거나 비즈니스 프로필로 전환하여야 한다.

1폰 1계정이 원칙이라 휴대폰이 2대라면 개인 계정과 비즈니스 계정으로 따로 관리도 가능하다.

기존의 개인 계정의 모든 사진과 데이터를 가지고 전환하거나 하단의 가입하기로 비즈니스 계정으로 전환할 경우 아무것도 없는 빈 상태의 계정이 만들어진다. 개인 계정이 사라지는 것은 아니며 1폰 1계정이라 개인 계정이 안 보이게 된다. 물론 PC에서는 개인 계정도 볼 수 있다.

비즈니스 계정으로 만들게 되면 위의 경우처럼 전화하기, 이메일 보내기, 찾아가는 길 등의 버튼을 하단에 삽입할 수 있다. 프로필에서 자신의 비즈니스를 찾기 위한 #해시태그를 노출하고 정확한 비즈니스 영역을 노출할 수 있다. 물론 홈페이지 URL과 주소도 노출이 가능하다.

위의 이미지처럼 비즈니스 계정도 만들기가 어렵지 않다.
현재 개인 프로필에 들어가면 상단에 비즈니스 계정 전환 버튼이 있다. 가입하기도 다른 이메일만 있다면 간단히 비즈니스 계정이 바로 만들어진다.

인스타그램은 여러분의 비즈니스를 위해 페이스북 페이지와 연결하여 동시에 포스팅도 가능하다.

인스타그램으로 여러분의 사업을 홍보하기 위해서 가장 먼저 꼼꼼하게 해야 할 일은 프로필을 섬세하게 다듬고 다양한 이미지와 영상을 모자람이 없도록 업로드한 다음에 팔로우를 진행하여야 한다.

관심사가 나의 비즈니스와 관련 있는 사람들을 검색하여 팔로우하고 간단한 댓글로 맞팔을 맺고 꾸준한 소통을 진행한다면 인스타그램만한 홍보채널은 현재 없다.

입소문 마케팅

최근에는 바이럴 마케팅이라는 용어를 잘 사용하지 않는다. 입소문 마케팅이 조금 덜 부담스럽고 소비자의 공감대 형성에 적합한 마케팅 용어라고 볼 수 있다.

입소문 마케팅은 소비자들이 자발적으로 상품에 대한 이야기를 공유하고 입소문을 낼 수 있도록 하는 마케팅전략이다.

말이 쉽지 창업한지 얼마 안 되는 여러분의 사업 아이템을 소비자들이 자발적으로 나서서 공유하는 일은 쉽게 일어나는 일이 아니다.

그러나, 공중파 광고나 온라인 광고를 진행하지도 않았는데 출시하자마자 SNS와 입소문을 타고 엄청난 히트를 기록한 상품이 있었다.

2014년 8월 해태제과에서 출시된 허니버터칩 이야기는 모르는 분이 없을 것이다. 허니라는 신드롬을 일으키며 현재에도 많은 브랜드가 허니를 붙여서 입소문 마케팅을 시도하고 있다.

고객의 자발적인 입소문이 아닌 온라인에서 영향력이 있는 파워블로거나 유

▲ 입소문 마케팅의 대표적인 사례 '허니버터칩' [이미지출처 해태제과 페이스북 페이지]

명 크리에이터들에게 돈을 주고 진행하는 마케팅을 진정한 바이럴 마케팅이라고 할 수는 없다.

그러나 많은 온라인 대행사들이 제품 자체의 경쟁력은 검증하지 않고 무조건 바이럴 마케팅을 진행해 주겠다고 제안을 한다.

여러분이 창업을 하고 홈페이지 또는 실제 오프라인에 가게를 개업하고 나면 정말 많은 온라인 대행사에서 연락이 와서 바이럴 마케팅을 제안한다.

결론부터 말씀드리자면 제품의 경쟁력이 준비되지 않은 억지 바이럴 마케팅은 돈만 허공에 날리는 사례가 된다. 소비자들은 이제 프로 컨슈머라 불린다. 여러분이 정말 자신 있는 제품이나 음식을 출시하였다면 소비자는 자발적으로 입소문과 공유를 하기 시작한다. 물론 아무런 홍보나 광고 노력이 필요 없는 것은 아니다.

필자는 대기업 또는 대형 브랜드에서 입소문 마케팅 의뢰를 받아 진행한 경험이 제법 있다. 대형 소주회사의 의뢰를 받아 파워블로거들로 구성된 SNS 홍보단을 관리하고 콘텐츠를 제작, 생산한 경험이 있다.

한 번은 어떤 큰 종교단체가 연락이 와서 돈은 얼마든지 줄 수 있으니 어떤 수단과 방법을 가리지 말고 전 세계를 대상으로 자신들의 교리에 대한 바이럴을 진행할 수 있냐는 의뢰가 온 적도 있다. 물론 진행하지는 않았다.

디자인과 온라인 마케팅 대행업을 수년째 진행하며 이제 막 사업을 시작하려는 여러분께 필자가 드리고 싶은 말은 입소문 마케팅에 의존하지 말고 진실되고 성실하게 절실함으로 온라인 채널을 운영하고 꾸준한 홍보를 진행한다면 소비자는 그 진실함을 알고 자발적인 입소문이 전개되는 때는 반드시 온다.

몇 개월 진행하다 지치지 말고 꾸준함으로 자신의 상품이나 비즈니스를 홍보하시라는 말씀을 드리고 싶다.

평판 마케팅은 창업자 여러분의 스토리나 제품, 상품에 대한 스토리를 기반으로 진행되는 후기 마케팅이다. 여러분이 온라인 쇼핑몰에서 물건을 구매할 때 꼭 보는 것이 그 제품에 대한 평판이나 사용 후기이다. 상품의 정보나 광고, 이벤트도 중요하지만 소비자들에게 받는 평판을 유심히 보고 고쳐야 할 부분이 있다면 재빠르게 수정하고 소비자들과 가까운 곳에서 소통해야 한다.

온라인에서 여러분의 제품에 모두 호평을 할 수는 없다. 가끔 악평이나 불편함을 이야기한다고 상처받고 의기소침할 필요는 없다. 대다수의 평가가 악평이라면 문제가 될 수 있으나 대다수의 호평 속에 악평도 존재한다. 이 악평을 제거하려 하지 말아야 한다.

좋은 잔디밭을 가꾸는 방법은 수시로 잡초를 뽑아내려 노력하기보다는 잡초보다 더 건강하게 자라는 잔디를 더 많이 심고 더 열심히 가꾸는 노력인 것이다.

▲ 입소문 마케팅의 또 하나 사례.
인스타그램 #고하우스를 검색해 보면 왜 소비자들의 자발적인 입소문이 일어나고 있는 지 알 수 있다.

온라인마케팅 대행사

필자는 디자인을 전공하여 기업의 디자인 대행과 홈페이지를 만드는 일을 주업으로 진행하였으나 디자이너가 마케팅을 모르고 좋은 결과물이 나올 수 없다는 생각과 많은 클라이언트들이 홈페이지 제작 이후의 마케팅까지 의뢰가 들어오는 경우가 있어 많은 공부와 시행착오 끝에 온라인 마케팅도 동시에 진행을 하고 있다.

한 번은 작은 메이크업숍의 홈페이지를 제작 완료하고 관리 교육을 위해 대표님을 만나러 갔더니 방금 전에 네이버에서 전화가 와서 1년 동안 키워드 마케팅을 해주겠다고 해서 1백만 원이 넘는 돈을 카드로 결제하였다고 한다.

필자가 즉시 대행사에게 전화하여 환불을 요구하였으나 위약금 조항이 있다고 해서 20%나 되는 금액을 그 자리에서 공제당하고 환불받은 사례가 있다.

네이버에서는 절대 전화로 키워드 광고 영업을 직접 진행하지 않는다.

여러분이 창업을 하고 나면 이러한 몰지각한 온라인 마케팅 대행사들이 전화를 걸어와서 이런 유혹의 단어를 던진다.

정상적이고 최선을 다해 노력하는 온라인 마케팅 대행사가 대부분이지만 네이버에 등록되는 업체 리스트 정보나 흔히 구할 수 있는 길거리 홍보 전단지를 가지고 전화를 걸어온다.

Part3 네이버 검색광고에서 기술한 내용이지만 여러분의 상호로 키워드 등록을 하여 진행할 때에는 같은 이름의 경쟁자가 없다면 클릭당 최소 70원이면 광고 진행이 가능하다.

부동산, 식당, 커피숍 등 영세한 창업주를 대상으로 네이버에 여러분의 상호가 1순위로 보이도록 해주겠다든지 1년 비용을 선결제 해주면 홈페이지를 무료로 만들어 주겠다든지의 제안은 모두 허위광고라고 봐야 한다.

여러분이 이 책을 읽고 이러한 대행사들에게 피해를 당하지 않았다면 정말 보람 있는 일이다.

의지를 가지고 공부하며 내가 직접 온라인 마케팅을 진행해도 보람 있고 의미 있는 과정이며 무지로 인해 받는 피해는 모두 여러분의 몫이 되는 것이다.

여러 기관이나 단체를 대상으로 창업 홍보 성공사례를 강연할 때 늘 칭찬하는 회사가 몇 개 있다. 그중에 하나가 바로 '삿갓유통'이다.

삿갓유통은 주로 국산 농수산물을 온라인에서 중개하는 쇼핑몰이다.

오른쪽의 그림처럼 삿갓유통의 첫 화면은 정말 디자이너의 입장에서 보면 할 말을 잃게 만드는 디자인 인터페이스이다.

그러나 창업자인 두 청년의 이야기를 듣고 유심히 살펴보니 정말 배울 점이 많은 훌륭한 쇼핑몰이었다.

쇼핑몰을 만든 두 청년은 전국의 농수산물을 생산하는 농부, 어부, 축산농가들을 직접 찾아다닌다. 마케팅의 '마'자도 잘 모르는 농부, 어부, 축산업에 종사하는 아버지, 어머니 같은 생산자들의 인터뷰를 정직한 영상으로 담아내고 소비자들에게 가감 없이 전달한다.

촬영 중에 NG가 나거나 어색해도 그 영상을 그대로 소비자들에게 보여준다. 상품의 본질은 인터뷰의 기술이 아니라 생산자의 정직함이기 때문이다.

메인화면에서 콜라비를 치고 들어가니 곧바로 영상을 볼 수 있다.

화려한 이미지와 자극적인 카피, 장식 디자인으로 범벅이 된 대형 쇼핑몰의 상세페이지보다 너무나 간결하고 정직해 보인다. 상세페이지에서 사용되는 서체와 컬러도 디자이너의 관점에서 보면 충격적이다.

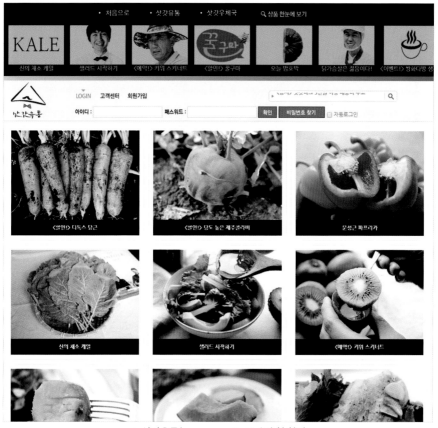

▲ 삿갓유통(www.sgmarket.kr)의 첫 화면

그러나 핵심 마케팅 기법은 바로 하단에 있는 샀다, 안샀다 게시판이다. 어떻게 이런 깜찍한 아이디어를 냈을까 하고 게시글을 읽어보면 칭찬 일색이다.

샀다 게시판은 상품을 구매한 사람들의 후기 게시판이다. 제대로 된 평판 마케팅을 볼 수 있다. 샀다 후기글 하나하나에 삿갓유통의 관리자가 일일이 감사의 댓글을 모두 게재하고 있다.

안샀다 게시판은 아직 구매 결정을 하지 않은 잠재 고객들의 게시판이다. 콜라비를 한 개씩만 구입하던 소비자가 5kg을 구매하면 나머지 콜라비는 어떻게 보관해야 하는지 하는 질문에 관리자가 생산자를 대신하여 친절하게 자상하게 답변을 하고 있다.

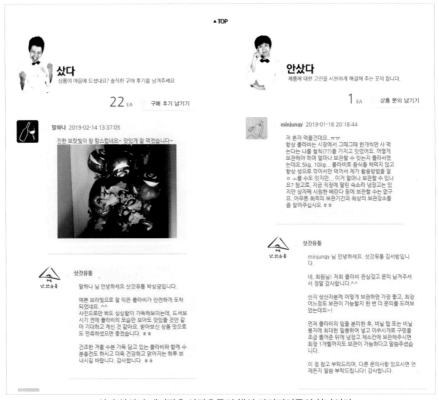

▲ 샀다 안샀다 게시판은 삿갓유통의 핵심 아이디어중의 하나이다.
망설이던 소비자들은 이 게시물들을 보고 구매를 결정하게 된다.

상품의 진실성, 정직함과 더불어 이 게시판의 글들과 관리자의 세심함에 구매를 망설이던 소비자들은 곧바로 구매 버튼을 클릭하게 된다.

창업 초기에 전국 팔도를 찾아다니며 입점할 생산자를 찾아 헤매던 그들은 이제 입점을 희망하는 수많은 생산자들과 일정을 조정하고 있다고 한다.

KALE

신의 채소 케일   샐러드 시작하기   〈예약!〉 키위 스키너트   〈할인!〉 꿀구마   오늘 밤호박   닭가슴살은 젊음이다!   〈이벤트!〉 쩡화다방

삿갓유통

LOGIN 고객센터 회원가입   ▶ 〈공지〉 삿갓마크 3만원 이상 배송비 무료   🔍

아이디 :   패스워드 :   확인   비밀번호 찾기   ☐ 자동로그인

'구매하기' 버튼으로 바로 이동 ▶▶▶

삿갓유통 - 제주 콜라비

삿갓유통 : 고영철 (제주도 한경면)

01:03

▲ 콜라비를 보러 들어가 보면 생산자인 제주도 한경면의 고영철대표의 인터뷰가 나온다.

매출 또한 억대를 돌파하여 많은 희망과 메시지를 주는 훌륭한 쇼핑몰이다.

이 외에도 창업 홍보 성공사례 업체는 포털사이트만 검색해도 수십 여개가 등장한다.

문제는 사업이 조금 되기 시작하면 초심을 잃어버려 실패한 사례도 많이 있다. 이제 우리는 직접 발로 뛰고 진심을 다하는 홍보와 마케팅을 진행하여야 한다.

도전하라! 온라인 실전창업

Part 6 온라인 쇼핑몰 만들기

온라인 쇼핑몰에 대하여

온라인상에서 상품을 판매하는 온라인 쇼핑몰의 경우 크게 4가지 형태로 분류할 수 있다.

첫 번째 오픈마켓이다. 가장 흔하게 접할 수 있는 옥션, 지마켓, 11번가, 네이버 쇼핑 등이다. 오픈마켓은 용어 그대로 지금이라도 여러분이 준비만 되다면 입점하여 판매를 시작할 수 있다.

사업자가 반드시 없어도 가능하다. 물론 연간 매출 2400만 원 이하를 기대한다면 사업자등록 없이도 개인 판매자로 입점이 가능하다.

이러한 문제로 인해 소비자 입장에서는 상품에 대한 검증, 저품질, 발송 오류 등의 여러 문제가 발생하기도 한다. 옥션과 지마켓은 마켓 플레이스(장터)만 제공할 뿐 정품을 사진과 동일하게 판매하는지 원산지가 정말 국산인지 확인하지 않는다. 판매자로 등록한 이가 모든 책임을 지고 소비자는 그 부분을 감안하고 저렴한 가격비교를 무기로 오늘도 대한민국에서 가장 많이 거래되고 있는 쇼핑몰 형태이다.

두 번째는 종합몰이다. GS 숍, 롯데몰, 현대백화점 몰이다. 대기업에서 운영하는 쇼핑몰이라 입점 자체가 어렵고 판매수수료도 어마어마하다.

입점 자체가 까다롭다는 것은 소비자 입장에서는 종합 쇼핑몰의 브랜드를 믿고 품질과 배송, 환불 정책을 신뢰한다. 가격은 오픈마켓에 비하여 고가의 제품이 대부분이다.

세 번째는 소셜커머스이다. 쿠팡, 위메프, 티몬 등이다. 소셜커머스는 약 10년 전 공동구매 형태의 대량 할인 판매로 엄청난 인기몰이를 한 사례가 있었다. 일정 제품을 단품으로 일정 기간만 판매하고 일시에 배송이 되기 때문에 판매자나 소비자가 안정적인 판매, 구매가 가능하였다. 입점은 많이 까다롭지 않고 MD와 협의를 거쳐 손쉽게 입점할 수 있다. 최근에는 오픈마켓 형태로 MD를 거치지 않고 직접 입점과 상품 업로드가 가능해지고 배송도 개별 배송이며 쿠팡의 로켓 배송은 당일 자정까지만 주문하면 익일에 바로 택배가 도착한다.

마지막으로 자체 독립 쇼핑몰이다. 앞 장에서 소개한 삿갓유통과 같은 형태이다. 직접 생산자와 소비자를 연결하기도 하고, 생산자가 직접 구축하고 운영하는 형태의 쇼핑몰이다. 카페24, 고도몰 등의 쇼핑몰 설루션을 이용하면 그리 어렵지 않게 쇼핑몰 만들기가 가능하다.

이처럼 온라인 쇼핑몰의 형태는 다양하다.
창업 관련 책이지만 온라인 쇼핑몰에 대하여 이야기하는 이유는 소자본창업이 가능하고 누구나 도전하기 손쉬운 창업 형태이기 때문이다.

온라인 쇼핑몰을 위하여 가장 중요하게 준비해야 할 것은 바로 상품이다. 어떤 상품을 어떤 쇼핑몰에 입점하여 판매해 볼 것인가이다.

또한 상품의 경쟁력과 항상 일정한 품질과 재고관리, 배송 문제 등을 종합적으로 고려하여 온라인쇼핑 사업에 뛰어들어야 한다.

정확한 판매 상품의 결정 없이 쇼핑몰 구축 방법만을 배우게 되면 지루하고 어렵게 느껴질 수 있기 때문이다.

오픈마켓 입점과 상품등록

이 책의 Part3 네이버 스마트스토어에서 이야기한 것처럼 오픈마켓은 사업자 등록이 없이도 지금 바로 입점하여 판매가 가능한 쇼핑몰을 이야기한다.

이번 장에서는 오픈마켓의 대표주자인 지마켓과 옥션에 입점하는 방법을 차근 차근 설명하도록 한다.

가장 먼저 지마켓(www.gmarket.co.kr) 일반회원으로 가입되어 있어야 한 다.회원가입이 되어 있지 않다면 먼저 회원가입을 진행하고 이후에 판매자로 전환 할 수 있다. 사업자의 경우 사업자등록증과 통신판매 신고증을 준비하자.

오른쪽의 차근차근 따라하기를 통해 오픈마켓에 판매자로 입점해 보자.

지마켓 판매자 입점하기

① 판매자로 가입하기 위해서는 사업자등록 없이 판매예정인 개인 판매회원, 사업자 등록증을 가진 회원은 사업자 판매회원으로 진행을 해야 한다. 개인 판매회원은 휴대폰 인증 또는 아이핀 인증을 진행한다. 사업자의 경우 사업자 번호를 입력하고 정상적인 사업자인지 인증을 거쳐야 한다.

② 판매회원 가입이 완료되면 옥션/지마켓 판매자 관리시스템인 ESM PLUS(www.esmplus.com)에 접속한다. 이 판매자 관리시스템은 즐겨찾기로 해두면 편리하다. 온라인 상점의 문을 열고 들어가는 첫 대문이다.

옥션과 G마켓은 같은 계열사로 동일한 관리시스템을 사용한다. 노란색 부분의 G마켓을 체크하고 아이디와 비밀번호를 입력하고 로그인한다. ESM관리자의 아이디/비번은 철저하게 관리해야 한다.
상품등록, 정산관리, 고객관리, 광고관리 등을 모두 이 곳에서 하기 때문에 매우 중요한 로그인이다.

③ 지마켓과 옥션에 입점한 경우 매일 ESM PLUS를 사용하게 된다. 왼쪽 세로 메뉴를 보면 상품등록/변경, 주문 관리, 클레임 관리, 정산 관리, 구매고객 관리 등의 모든 관리가 이 곳에서 이루어진다.
가운데 판매현황 부분은 로그인 하자마자 확인해야 하는 공간으로 주문, 배송, 클레임, 고객문의를 한눈에 볼 수 있다.

④ ESM PLUS에서 가장 많이 하는 일은 바로 상품 등록이다. 왼쪽의 상품등록 2.0을 클릭해 보자.
먼저 카테고리를 설정해 주어야 한다. 개인 판매로 사과즙을 상품등록하고 싶다면 검색창에 사과를 치면 5가지의 카테고리가 등장한다. 맨 하단에 식품>건강식품>건강즙/진액>사과즙/진액을 선택한다.

⑤ 상품등록시 빨간색 ★이 붙은 부분은 필수입력 부분이다. 카테고리를 설정하고 나면 검색용 상품명을 입력해야 한다. 간단하게 '사과즙'이라고만 상품명을 입력하면 소비자에게 외면받기 좋은 상품명이 된다. 지마켓으로 이동하여 소비자입장에서 '사과즙'을 검색해 보자. 경쟁자들은 어떤 상품명으로 등록하고 있는지 살펴볼 필요가 있다.

⑥ 지마켓에서 사과즙을 검색하면 등록된 상품만 2392개가 검색된다. 검색 바로 아래 등장하는 5개의 상품이미지는 '파워상품'이라는 광고상품으로 네이버 파워링크와 같이 경쟁입찰로 광고비를 지불하면 맨 앞에 위치할 수 있다. 경쟁자들은 상품명을 어떻게 만들고 있는지 살펴보자. 가격도 비교해 보아야 한다. 오픈마켓을 방문하는 소비자는 가격에 민감하고 판매자의 신뢰도를 살펴보게 된다.

⑦ 오픈마켓은 검색된 제목에서 소비자가 궁금해하는 모든 것이 나와 있다. 사과즙의 경우 산지, 용량, 포수, 상품의 브랜드이야기까지 담고 있다. 무료 증정 사은품까지 담은 제목도 보인다. 이처럼 다른 경쟁자들보다 더 매력적인 가격과 제목이 제시되어야 소비자의 클릭을 끌어 낼 수 있다. 물론 상품의 썸네일 이미지(사각형 대표 이미지)도 매력적이어야 한다.

⑧ 검색용 상품명을 '충남 예산사과로 만든 정말 진한 사과즙 120ml 50포' 입력하였다. 검색용 상품명은 상품등록 완료후에는 수정이 불가능하며 수정해야 할 경우에는 상품관리에서 삭제하고 새롭게 상품을 등록하는 방법을 사용한다. 다음 필수 정보인 가격을 반드시 입력해야 한다.

가격도 초기에는 손해가 나지 않을 정도의 최저가를 유지하며 브랜드홍보에 힘써야 한다.

⑨ 판매 가격은 최저가 수준으로 입력하고 등록후에도 수정이 가능하다. 수정이 불가능한 것은 검색용 상품명 뿐이다. 다음으로 재고수량을 입력하는 데 현재 보유하고 있는 정확한 수량을 입력해 준다. 소비자가 구매시 자동으로 차감되며 남은 재고수량 이상으로 판매될 경우 상품이 검색되지 않게 된다. 최하단에서 국산 충남으로 선택하고 다음 단계로 이동한다.

⑩ 다음 단계는 상품의 노출정보를 입력하는 단계이다. 상품의 대표이미지를 등록하여야 한다. 이미지 사이즈는 1000x1000 이상 / 2MB이하 / jpg, png만 등록 가능하다. 1000x1000 이미지를 등록하시면 상품상세 페이지 확대보기 팝업에서 확대된 이미지가 제공된다. 추가이미지 등록을 체크하면 최대 14컷까지 등록할 수 있다. 대표사진과 구매결정에 도움이 될 만한 상품이미지를 미리 준비한다.

⑩ 상품등록에 필요한 제품사진은 미리 많이 준비하는 것이 좋다. 정사각형의 제품촬영사진을 준비하고 상품의 상세한 연출사진도 많이 필요하다. G마켓 모바일 App을 검색하여 스마트폰에 설치하고 G마켓에 들어가 사과즙을 검색해 보자. 소비자는 주로 상단에 보여지는 상품이미지를 엄지손가락으로 넘기면서 탐색을 하게 된다. 제품사진이 매우 중요함을 알 수 있다.

⑪ 정확한 상품사진이 없다면 연습을 위해 픽사베이에서 '사과'를 검색하여 몇 컷 준비한다.
단, 상품등록이 완료되면 주문이 들어 올 수 있으니 유의하여야 한다. 가격에 민감한 소비자가 덜컥 구매하기를 클릭하여 실제 주문이 이루어질 경우 실제로 발송하거나 사과 전화를 해야하는 난감한 상황이 벌어 질 수도 있다.

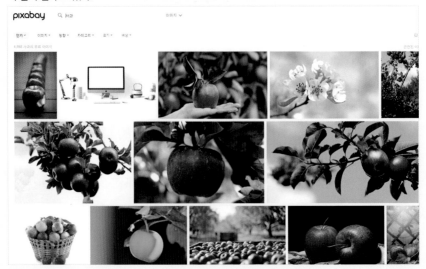

300

⑫ 상품 이미지를 등록하고 상품 상세설명을 반드시 입력해야 한다. 파란색 버튼 'ebay editor로 상세 설명 등록'을 클릭하면 팝업이 뜨는데 블로그 작성과 비슷하며 상세한 제품내용이 모두 담겨야 한다. 이러한 상세한 설명페이지를 '상세페이지'라고 부르며 실제로 가장 중요한 제품설명이 들어가야 한다. 매력적인 제목과 내용, 사진이 많이 담겨야 하며, 최종 택배로 배송될 상태의 사진도 포함되어야 한다.

⑬ 노출정보에서 배송정보까지 정확히 입력하고 최종 아래 화면과 같이 추가정보를 입력해 주면 상품 등록이 완료될 수 있다. 추가정보는 모두 필수입력사항은 아니지만 유효일, 제조일자, 상품 무게까지 표 기해 주면 더욱 신뢰감을 줄 수 있다. 이러한 상품등록과정은 처음엔 힘들고 복잡하지만 추후에는 등록 된 상품리스트에서 복사해서 사용하며 그리 어렵지않게 상품등록을 할 수 있다.

오픈마켓 판매 수수료

오른쪽 그림은 지마켓과 옥션의 상품 서비스 이용료 안내 화면이다. 오픈마켓은 종합 쇼핑몰에 비해 입점도 쉽지만 수수료도 비교적 저렴한 편이다.

그러나 가공식품의 경우 약 13%의 수수료를 제하고 정산을 받게 되는데 1만원 상품을 판매하면 8700원을 정산 받는다는 이야기이다.

오픈마켓에서 상품을 판매할 경우 반드시 포함되어야 할 원가가 있다. 위의 수수료와 배송비, 포장비용 그리고 인건비이다.

배송비는 자신의 출하지와 가까운 택배회사와 미리 협의하여 정확한 배송비도 결정하고 소비자가 선불 택배로 할 경우와 착불 택배를 선택할 경우도 고려해야 한다.

금액을 얼마 이상으로 구매하면 무료택배 배송인지도 결정해야 한다.

구매전환율은 하루 100명이 나의 상세페이지를 보고 난 후 10명이 구매를 하게 된다면 구매전환율은 10%인 것이다. 지속적으로 상세페이지에 디자인을 업그레이드하고 영상 삽입과 구매확정에 도움이 될 만한 이미지와 문구를 계속적으로 수정해 주는 정성만이 구매전환율을 높이는 방법이다.

상품 서비스 이용료

A옥션	(판매가 X 카테고리별 수수료) + {(주문옵션금액 or 추가구성금액) X 카테고리별 수수료}
G마켓	(판매가 + 주문옵션금액 or 추가구성금액) X 카테고리별 수수료

- 판매가는 상품에 입력하신 판매가격을 의미합니다.
- 서비스 이용료는 원단위 절상 처리합니다.
- 일부 상품은 카테고리별 수수료 대신 고정 수수료로 계산됩니다.

타입	판매수수료	비고
오픈마켓	개당 판매금액을 기준으로 카테고리에 따라 1% ~ 12% 차등 적용	A옥션 카테고리 수수료 G마켓 카테고리 수수료
A중고장터	구매자 결제방법에 따라 차등적용 - 신용카드 결제 : 3% - 그외 결제 : 1.5%	
휴대폰 할부판매	5,000원	
렌탈정수기	25,000원	
일반 와이브로	20,000원	
여행 예약상품	5,000원	

▲ 오픈마켓의 대표주자인 지마켓 (www.gmarket.co.kr)의 수수료 정책

치밀한 상품기획과 관리만이 온라인 쇼핑몰 전쟁터에서 살아남는 방법이다.

여러분이 온라인 쇼핑몰을 운영하겠다고 결심하는 순간 여러분은 24시간 365일 소비자에게 집중해야 한다. 온라인 고객은 판매자가 잠든 새벽 2시이든 명절이든 주말이든 상관없이 질문하고 전화를 걸어올 수도 있다.

즉각적인 응답이 없을 시 곧바로 경쟁자의 온라인숍으로 이동한다.

독립쇼핑몰 만들기

Part5 홍보하기 성공사례에서 이야기한 '삿갓유통'처럼 직접 쇼핑몰을 구축하여 운영하는 것을 독립 쇼핑몰 구축 운영이라 한다.

오픈마켓, 종합 쇼핑몰에 입점하여 엄청난 수수료를 부담하고 싶지 않은 경우 힘들지만 내가 직접 쇼핑몰을 만드는 것이다.

이러한 독립 쇼핑몰을 구축하는 데 전문적으로 웹서버 공간과 디자인, 결제 시스템까지 손쉽게 해주는 서비스 업체는 많이 있다.

대표적인 카페24, 메이크 숍, 고도몰 등의 업체가 있다.

대부분 서버 운영비의 형태로 매월 몇만 원을 정기적으로 지불하여야 한다.

그러나 큰 용량은 아니지만 완전한 무료 쇼핑몰을 제공하는 곳이 있다. 바로 고도 몰이다.

지금부터 고도몰(www.godo.co.kr)에서 무료 쇼핑몰 만드는 방법을 알아보자.

오른쪽 차근차근 따라하기로 나만의 독립 쇼핑몰을 만들어 보기로 하자.

고도몰 무료쇼핑몰 만들기

① 고도몰(www.godo.co.kr)에 회원가입후 무료 쇼핑몰 만들기 버튼을 클릭하면 다음과 같은 화면이 열린다. 정말 이용기간은 평생이고 총 결제금액은 0원인지 확인한다.
하단의 관리자 정보를 입력해야 하는데 여러분의 온라인 가게로 들어가는 중요한 아이디와 비번이다.

godo: 고객센터 마이고도   쇼핑몰 호스팅 도메인 디자인 마케팅 아카데미

STEP 01
신청 정보 / 동의

STEP 02
신청 확인 / 결제

STEP 03
신청 완료

쇼핑몰 신청 정보   부가세 포함금액 입니다.

쇼핑몰 유형	쇼핑몰 가격	이용 기간	총 결제금액
고도몰5 pro 프리패스	33,000원 (월 단가)	평생	0원

ⓘ 쇼핑몰 신규 신청을 위한 페이지입니다. 고도에서 이용 중인 쇼핑몰을 고도몰5로 변경하길 원하시면 마이고도 > 쇼핑몰 이전 서비스를 이용해 주세요.

전체 금액		전체 할인 금액		총 결제 금액
99,000원	−	99,000원	=	0원

관리자 정보 입력 *표시는 필수입력 사항입니다.

★ 쇼핑몰 관리자 아이디   5~12자의 영문(소문자)과 숫자를 조합하여 넣어주세요.

★ 쇼핑몰 관리자 비밀번호   10~16자의 영문(대소문자), 숫자, 특수기호 중 2개 이상 조합 하여 넣어주세요.

★ 쇼핑몰 관리자 비밀번호 확인

☐ 추천 아이디 사용   *클릭 시 쇼핑몰 관리자 아이디를 기반으로 FTP/DB 아이디를 자동 생성합니다. [FTP/DB란?]

★ FTP 아이디   5~12자의 영문(소문자)과 숫자를 조합하여 넣어주세요.

★ FTP 비밀번호   [중요] FTP 비밀번호는 임시 비밀번호가 신청 되며 FTP 사용시 마이고도에서 비밀번호 변경 후 사용하시기 바랍니다.

★ DB 아이디   5~12자의 영문(소문자)과 숫자를 조합하여 넣어주세요.

★ DB 비밀번호   5~20자의 영문(소문자)과 숫자를 넣어주세요.

이용약관 및 서비스 동의   내용열기 ∨

☐ 이용약관 및 개인정보 수집/이용에 모두 동의 합니다. (필수)

- 고도몰5 pro 이용약관
- 개인정보 수집 및 이용에 대한 안내

다음단계

위의 쇼핑몰 관리자 아이디와 비밀번호, FTP 아이디와 비밀번호, DB 아이디와 비밀번호는 정말 중요하다. 잘 관리도 해야하지만 매번 잊어 버리지 않도록 스마트폰의 메모App을 이용하거나 안전한 노트에 잘 적어 보관해야 한다.

② STEP 2 신청 확인/결제 단계이다. 정말 평생 무료이다. 관리자 정보를 잘 관리하도록 한다.

③ STEP 3 쇼핑몰 설치가 벌써 완료되었다고 한다. 여러분의 쇼핑몰 주소는 임시도메인 형태로 아래에
관리자 정보로 보이며 접속해 보면 쇼핑몰이 벌써 보여진다. 친절하게 문자메세지도 도착한다.
하단의 마이고도가기를 클릭하면 나의 전체 고도몰 가입현황이 보여진다.

④ 마이고도에서 89일이 남았다고 보이는 고도몰5 pro가 방금 만들어진 여러분의 쇼핑몰이다.
오른쪽의 관리 버튼을 클릭한다.

⑤ 관리를 클릭하고 들어가면 아래와 같은 화면이 보인다. 오른쪽의 관리자접속을 클릭한다.
여러분의 독립쇼핑몰에 최초로 로그인하는 순간이다.

⑥ 여러분의 독립쇼핑몰 관리자 로그인화면이다. 즐겨찾기를 통해 접속하면 편리하다.
쇼핑몰 관리 아이디와 비밀번호 관리는 철저하게 해야 한다. 오른쪽 빨간 경고창에 관리자 추가 인증
수단 설정이 필수라고 하며 과태료가 부과될 수 있다고 하니 곧바로 추가 인증수단을 설정해 준다.

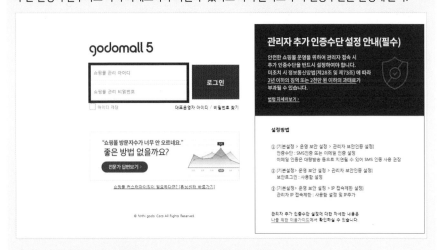

⑦ 실제로 독립쇼핑몰을 운영하게 되면 매일 접속해서 확인해야 하는 관리자 시스템이다.
지마켓 ESM PLUS와 같은 기능을 하는 쇼핑몰 관리자시스템이다. 중앙의 주문관리, 문의/답변관리는
매일 체크해야 하는 항목이다. 가장 먼저 왼쪽 상단의 기본 설정을 클릭한다.

⑧ 기본 설정에서 가장 먼저 쇼핑몰 기본 정보와 회사 정보를 입력해야 한다. * 빨간색은 필수입력 공간이다. 첫번째 난관은 쇼핑몰 도메인인데 정식 도메인이 없을 경우 도메인을 구입하고 진행해야 한다. 고객이 찾아오기 쉬운 도메인을 선정하고 고도몰에서 도메인구입을 하고 대표 도메인 연결신청을 한다. 현재는 임시도메인 상태이다. 쇼핑몰 필수정보를 모두 입력하고 하단의 대표 이메일을 등록하고 추가 인증을 받아야 한다. 추가인증은 관리자 보안인증 설정에서 이메일로 진행하면 된다.

위의 고객센터 전화번호, 팩스번호, 관리자 이메일, 운영 시간 등을 입력하면 자동으로 쇼핑몰하단에 반영된다. 회사소개 내용도 자신의 회사 내용으로 수정하면 자동으로 회사소개 페이지에 반영된다. 회사 이미지 또는 대표자 사진을 삽입할 수도 있다.

⑨ 쇼핑몰 관리자 오른쪽 상단의 내쇼핑몰 글씨버튼을 클릭하면 아래처럼 기본 세팅된 나의 쇼핑몰이
보여진다. 아직 쇼핑몰로고, 상품이미지, 메인사진 등 아무것도 반영한 것은 없는 초기상태이다.
이제 나의 쇼핑몰 아이템에 맞는 적합한 쇼핑몰 스킨을 선택하러 이동해 보자.

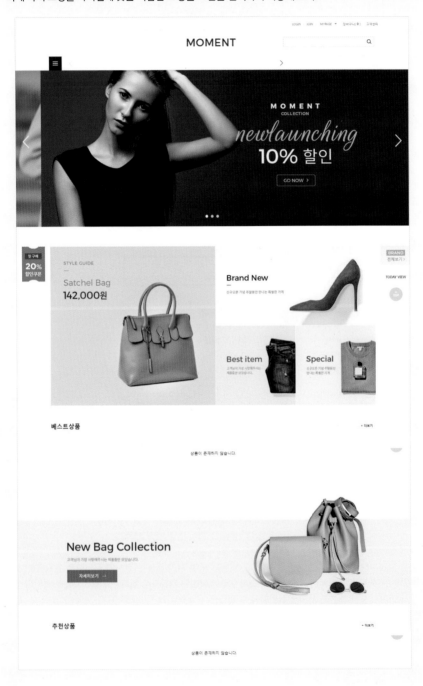

⑩ 쇼핑몰 관리자모드에서 상단의 디자인탭을 클릭하면 나의 쇼핑몰의 전체적인 디자인 레이아웃을 변경할 수 있는 디자인 스킨 리스트로 이동한다.
하단의 +무료스킨추가를 클릭하면 팝업으로 고도몰이 제공하는 무료 스킨을 다운받을 수 있다.

⑪ 디자인스킨이란 쇼핑몰의 디자인레이아웃 스타일을 말한다. 팝업이 뜨면 고도몰이 제공하는 무료 디자인 12개를 확인해보고 나에게 맞는 스킨을 선택하고 하단의 오른쪽 +추가하기를 클릭하면 한국어로 보유 스킨 리스트에 추가된다. 즉시로 쇼핑몰 디자인이 변경되지 않고 보유한 상태이다.

⑪ 새로운 디자인 스킨을 추가하고 디자인 스킨 리스트로 이동해 보면 하단에 새로운 스킨을 보유하고 있는 것이 보인다. 쇼핑몰 디자인은 급격하게 전체 디자인 바꾸지 않고 백업의 형태로 디자인을 수정 하다가 리뉴얼 오픈시점에 하단의 사용스킨으로 설정을 클릭하면 진짜 쇼핑몰에 디자인이 반영된다. 다운받은 새로운 스킨을 사용 스킨, 작업 스킨으로 바로 변경해 준다.

⑫ 쇼핑몰 관리자모드의 오른쪽 상단의 내쇼핑몰로 이동해 보면 아래와 같이 쇼핑몰 디자인 전체가 변 경된 것을 확인할 수 있다.

⑬ 이제 쇼핑몰의 로고를 변경해 보자. 디자인 > 배너 관리로 이동해 보면 하단에 쇼핑몰 디자인에 사용된 모든 배너가 보이고 수정 및 삭제, 등록이 가능한 공간이다.
하단에 LUXE라는 상단로고가 보인다. 오른쪽의 수정 버튼을 클릭한다.

⑭ 현재 반영되어 있는 상단 로고의 사이즈는 가로 102px, 세로 30px이다. 배경이 투명한 PNG파일을 사용하였다. 이제 나의 쇼핑몰 로고를 제작하여 같은 크기의 이미지로 찾아보기를 통해 업로드 해 주면 된다.

로고는 샘플로 무료이미지제공 사이트 픽사베이에서 'logo'를 검색하여 다운받아 제작한 샘플로고이다. 여러분의 쇼핑몰 이름에 맞는 로고를 직접 제작하여 업로드 해 본다.

⑮ 상단 로고가 반영된 모습이다. 배경이 투명한 PNG파일을 만들어 업로드 해야 한다.

⑯ 마지막으로 메인의 여자모델 사진부분을 변경해 보자. 상단의 디자인>디자인 설정> 움직이는 배너 관리로 이동하여 하단의 럭스 메인 슬라이드 배너의 오른쪽 수정 버튼을 클릭한다.

메인화면에서 움직이는 배너 3개가 보인다. 이곳에 이미지크기를 확인하고 자신의 쇼핑몰에 적합한 이미지를 촬영하여 디자인한 후 업로드 해주면 메인화면 배너가 변경이 된다.

상품 등록하기는 앞 부분 오픈마켓 입점하기와 상품 등록하기에서 잠시 다룬 내용이다. 지마켓의 상품 등록하기와 고도몰의 상품 등록하기는 그 방법의 거의 유사하다.

먼저 등록할 상품의 카테고리를 지정하고, 상품명을 입력한 후 판매 가격을 입력한다. 그리고 상품의 대표 이미지를 업로드하고 최종 상품의 상세페이지를 디자인하여 업로드하면 상품 등록하기는 완료된다.

이러한 상품을 등록하는 기능적인 절차보다 중요한 것은 바로 상품의 상세한 정보를 보여주는 상세페이지라고 할 수 있다.

최근 오픈마켓과 동일하게 입점이 간편해진 쿠팡의 경우 입점하는 판매자를 위하여 아주 상세하고 이해하기 쉬운 상품의 상세 설명 매뉴얼을 보여 준다.

아래 페이지를 방문해 보면 로그인하지 않아도 상세한 설명을 볼 수 있다. 쿠팡 판매자 상세 매뉴얼 (http://sellers.coupang.com/?p=5199)이다.

먼저 상품 상세 설명 페이지는 모바일을 고려하여 한눈에 들어오는 시원한 상세 설명이어야 한다.

고객은 힘들고 어려운 걸 싫어해서 복잡하거나 스마트폰에서 읽기 힘들면 페이지를 빠져나간다.

모바일을 고려해 한눈에 들어오도록
큼지막하게 구성된 상세설명은
고객의 구매 결정을 빠르게 유도합니다.

고객은 힘들고 어려운 걸 싫어합니다.
상세설명이 잘 눈에 들어오지 않으면
고객은 읽지 않고, 페이지를 나갑니다.

▲ 쿠팡의 판매자 교실 상세설명 메뉴얼 PDF 참조

상세 설명 페이지는 전체 이미지로 등록이 가능하고 가로 780px, 세로 5000px를 권장하고 있다. 가로폭은 780px를 유지하되 세로는 5000px를 넘어가도 상관은 없다.

이미지는 통으로 크게 세로로 나열하고, 글은 최소한으로 줄이고 글씨는 큼직하게 하는 것이 좋다. 이 정도의 원칙만 지켜도 훌륭한 상세페이지를 만들 수 있다.

쿠팡의 상세 설명 매뉴얼 자체가 쉽고 명쾌하게 잘 설명이 되어 있다.

이제 그럼 직접 고도쇼핑몰에 직접 상품을 등록해 보기로 하자.

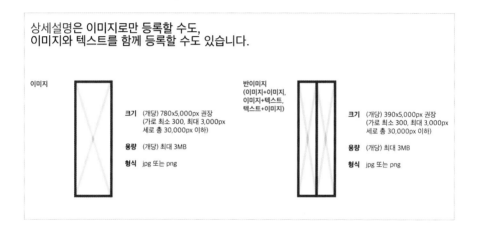

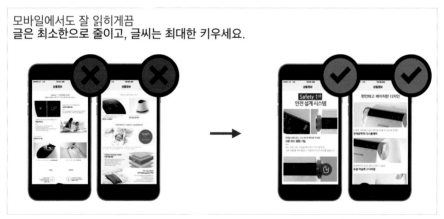

▲ 쿠팡의 판매자 교실 상세설명 메뉴얼 PDF 참조

고도쇼핑몰 상품등록하기

① 고도몰 관리자에서 상품>상품 관리>상품 등록으로 이동한다. 가장 먼저 상품의 카테고리를 설정해야 한다. 그러나 현재 아무런 카테고리를 만들지 않았으므로 상품등록에서 잠시 카테고리 등록하기로 이동해야 한다. 빨간색 글씨 '카테고리 등록하기 >' 를 클릭한다.

② 카테고리 관리 메뉴가 나오고 카테고리명에 '여성복'을 입력하고 오른쪽 상단의 저장을 클릭하면 왼쪽 카테고리 리스트에 여성복이 등록된다. 다른 카테고리 '남성복', '남자아동복', '여자아동복' 등의 카테고리도 등록할 수 있다. 저장이 완료되면 왼쪽메뉴 상품 등록을 클릭하여 다시 이동한다.

③ 보이지 않던 카테고리에 여성복이 보이고 선택을 클릭하면 아래에 선택된 카테고리에 여성복이 보여 된다. 카테고리는 1개 이상 중복선택도 가능한데 여성복, 신상품, 베스트상품 등의 카테고리에도 들어 갈 수 있다.

④ 이제 하단의 상품명 부분이다. 상품명은 상품명 내용안에서 소비자들이 추정할 수 있는 모든 것을 담아 상세하게 설정한다. [여성복] 원피스 봄가을 긴팔 청원단 , 결혼식 하객룩을 입력하였다.

⑤ 상품명 다음으로 가장 중요한 가격 설정이다. 정가 69000원, 판매가 59000원을 입력한다. 이것은 원래 69000원이던 상품을 1만원 DC하여 59000원으로 판매하는 것처럼 보여진다.

⑥ 상품 대표 이미지를 등록해야 한다. 정사각형의 매력적인 상품사진을 올려야 한다. 크기는 가로 세로 정사각형 500px로 만들어 등록한다. 1개의 이미지만 등록하면 자동으로 4가지로 리사이즈되어 다른 설명 부분에도 자동 삽입된다. 픽슬러, 포토샵 등으로 상품이미지를 제작하여 업로드 준다.

⑦ 이제 상품의 상세 설명 페이지이다. 가로 1000px 세로는 5000px 정도의 상품 설명 페이지를 만들어 오른쪽 하단의 사진 버튼을 클릭하여 업로드 해 주면 된다. 만약 아직 잘 만들 자신이 없다면 블로그를 만들듯이 글 쓰고, 사진 삽입 또 글 쓰고 사진 삽입 등의 형태로도 만들 수 있다.

상세페이지는 전문 웹디자이너에 의뢰할 수도 있는데 포털사이트에 '상세페이지 제작'으로 검색하면 프리랜서 디자이너에게 비용과 제작방법 등을 상의하고 진행할 수 있다.

⑦ 상품등록을 완료하고 저장해 주면 상품리스트에 보이게 된다. 그러나 아직 쇼핑몰에 전시는 되지 않는다. 상품만 온라인에 입고된 상태인 것이다. 이제 상품진열을 해야 한다. 왼쪽 메뉴 상품 진열 관리에서 메인페이지 상품진열로 이동하여 메인 베스트상품 오른쪽 하단의 상품 선택 버튼을 클릭한다.

⑧ 상품 선택창이 뜨고 왼쪽에는 등록한 모든 상품이 보여진다. 왼쪽의 상품을 선택하고 가운데 부분 추가+ 버튼을 클릭하여 오른쪽으로 이동시킨다. 이 후 하단의 선택완료를 클릭하면 전시가 완료된다.

⑨ 최종 저장을 클릭하고, 내 쇼핑몰로 이동하여 메인화면 중앙 베스트상품 코너에 등록한 상품이 전시되어 있는지 확인한다. 상품을 클릭하여 상세페이지로 이동하여 확인한다.

상품등록과 상세 페이지 제작은 많은 반복연습이 필요하다. 내가 하지 못한다면 제법 비싼 비용을 지불하고 전문 디자이너에게 의뢰할 수 밖에 없다. 처음에는 어렵지만 몇 개 연습해 보면 충분히 초보자도 가능하다. 소비자는 디자인보다 담겨진 진정성있는 이야기와 제품 사진만 유심히 보는 경우가 더 많다.

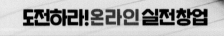

로고마크 만들기

창업을 하시는 분들의 가장 큰 고민 중의 하나가 회사로고 디자인이다.

일반적으로 디자인 전문 회사에 의뢰하면 되지만 그 비용이 만만치 않다.

필자는 디자인 전문 회사를 운영하며 많은 로고마크를 개발하고 있지만 작은 가게를 오픈하시거나 스타트업 기업을 위해 로고마크 만드는 노하우를 알려 드리려 한다.

실제 로고마크 디자인 강의를 진행하며 초보자인 분들과 진행을 해 보니 가능하겠다는 확신이 들어 이러한 방법을 소개하니 시도해 보시고 힘든 분들은 디자인 전문 회사에 맡기시는 방법이 나을 수도 있다.

준비할 것은 A4용지, 종이컵, 먹물, 붓 정도이다. 붓 펜을 준비하셔도 좋다.

시도할 로고마크는 오른쪽과 같이 캘리그라프 로고이다.

구글에 검색해 보니 멋진 캘리그래피 로고들이 많이 등장한다.

이제 A4용지 위에 내 회사나 브랜드명을 과감하게 붓에 먹물을 찍어 써 본다. 어떤 붓도 상관없고, 나무젓가락에 찍어서도 써보고, 왼손으로도 써 본다.

아래 그림은 실제 강의 진행 중 수강생들이 쓴 작품으로 실제 로고 마크로 개발되어 제작되어 사용되고 있는 글씨도 있다.

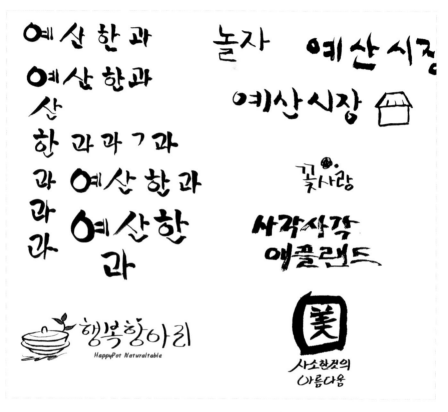

캘리그래피의 의미가 '손으로 그린 그림문자'이기에 약간 삐뚤삐뚤하고 어색한 것이 정상이다. 과감하게 많이 써 보면 재미있는 결과가 나오게 된다.

마크로 사용할 만한 그림도 그려보고 낙관도 그려보고, 나무젓가락, 붓 펜, 일반 수채화 붓 등 다양한 도구를 이용해서 써보면 더욱 재미있다.과감하게 그려보고 다양한 시도를 해 보자.

이 중에서 가장 마음에 쓰는 글씨체 한 개를 골라 휴대폰으로 촬영한 다음 나의 이메일로 보내고 난 후 다음 과정을 따라 해 보자. 생각보다 멋진 로고마크가 개발된다면 그 보람과 즐거움은 이루 말할 수 없다.

비용 절감을 떠나 창업자의 손글씨로 개발된 로고는 더욱 의미가 있는 것이다.

01_픽슬러에서 열고 밝기 명도 조절하기

명함 만들기에 배워본 픽슬러에 프로그램을 열어준다. 아래 그림 손글씨는 실제 수업 중 여성 CEO께서 직접 쓰신 손글씨를 촬영 후 픽슬러에서 연 화면이다.

스마트폰으로 A4용지에 쓴 글씨를 사진으로 찍어 전송해 보면 배경 종이가 하얗게 나오지 않고 어둡게 나오게 된다. 이때 가장 먼저 픽슬러 메뉴>조정>레벨로 들어가 보자. 단축키는 CtrL+L만 눌러도 나온다.

이 레벨 조정은 실제 포토샵 전문가들이 사용하는 메뉴인데 이미지의 밝고 어둡고 중간 밝기 등을 세밀하게 조정할 수 있다.

레벨 가운데 3개의 포인트를 조정하여 배경은 밝게 글씨는 검게 조정한다.

레벨 조정에서도 배경은 하얗게 글씨는 검정으로 가 쉽지 않다면 조정〉밝기 & 명암대비에서 밝기와 명암대비를 조정해 보면 더욱 선명해진다.

02_글씨 간격 조정하기

이제 각각의 글씨들을 간격 조정으로 통하여 조금 더 다듬어 보자. 왼쪽 툴 박스에서 올가미 도구를 선택하고 글씨 하나를 마우스로 그리며 선택해 본다.

선택된 글씨는 다시 툴 박스에서 이동 도구를 이용하면 이동할 수 있다.

각각의 글씨를 서로서로 조금씩 붙여 준다. 마우스 조정이 내 맘같이 않더라도 용기 되어 차분히 조정해 본다. 아래는 최종 글씨 간격을 조정한 화면이다.

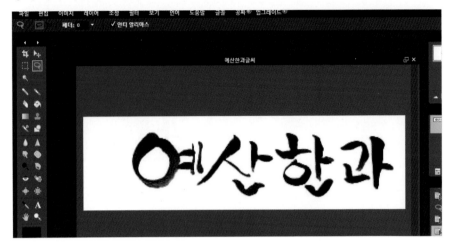

03_로고 크기조정과 슬로건 삽입하기

이제 글씨 전체를 사각 선택으로 잡고 크기 조정을 해 보자. 왼쪽 툴 박스에서 사각 선택 툴로 글씨를 잡은 다음 상단 메뉴〉편집〉자유 변형을 선택하고 크기 조정을 해 본다. 반드시 Shift 키를 누르면서 조정해야 비례가 왜곡되는 현상을 막을 수 있다.

로고 전체의 크기를 조정하고 이제 슬로건 텍스트를 삽입해 본다.

슬로건이란 회사나 브랜드에서 이야기하고자 하는 영문이나 한글 문장이다.

로고 아랫부분을 툴 박스의 A를 클릭하고 'Korean Traditional sweets and cookies'를 입력한 화면이다. 슬로건 입력이 끝나고 확인을 클릭하면 이제 제법 모양이 나오기 시작한다.

04_컬러 마크 그려보기

이제 로고 글씨와 슬로건을 넣어보니 조금 허전하다. 오른쪽 공간에 예쁜 마크를 넣어 보는데 픽슬러에서 직접 붓툴을 이용하여 그려본다. 이때 새로운 레이어를 생성하고 그려야 이동과 수정이 편리하다.

05_최종 저장하기

완성된 로고마크 파일은 항상 2가지로 저장을 해야 한다. 바로 명함에 삽입해서 인쇄를 진행할 수 있는 JPG 파일과 수정이 가능한 PXD 파일로 반드시 저장해 두어야 다음에 수정이 가능하다.

아래 그림은 실제 예산한과 로고마크를 박스 디자인에 사용하여 인쇄한 실제 제품이다. 여러분도 도전해 보고 직접 만들어 보자.

명함 만들기

창업을 하고 가장 먼저 필요한 것 중에 하나가 바로 명함이다.

이 명함 하나가 인생을 바꾸기도 하고 명함을 건넨 지 10초도 안되어 휴지통으로 직행하기도 한다. 비즈니스를 하다 보면 명함을 많이 주기도 하지만 명함을 많이 받게 된다. 수많은 명함 중에서 인상 깊고 보관하고 싶은 명함도 가끔 있다.

명함 제작은 가까운 명함 제작 업체를 방문하여 제작하거나 온라인 업체 검색을 통해 진행하면 손쉽게 제작이 가능하다. 회사의 로고, 유선전화, 휴대전화, 팩스, 이메일 등의 정보만 준비되면 바로 제작이 가능하다.

▲ 구글에서 '명함디자인'을 검색한 화면이다. 수많은 디자인 명함이 검색된다. 참고만 하자.

지금부터 차근차근 잘 따라하면 나만의 명함을 인쇄 제작할 수 있다.

좋은 명함 샘플을 하나 준비하고 디자인 작업을 해 보도록 하자. 필자가 로고 디자인을 진행한 여행사의 로고를 가지고 명함 디자인을 진행해 보도록 한다.
앞 장의 자신이 만든 캘리그래피 로고 마크로 진행할 수도 있다.

01_픽슬러 프로그램 열기

명함 디자인을 하기 위한 프로그램을 열어야 하는데 포토샵과 거의 유사한 기능을 가진 픽슬러를 가지고 진행한다. 픽슬러는 무료 포토샵 프로그램이다. 크롬 주소창에 'www.pixlr.com/editor'를 치면 바로 열린다. 픽슬러 에디터 프로그램을 열어준다.

위의 그림처럼 새 이미지를 생성할 것인지, 컴퓨터로부터 이미지를 열 것인지, URL로부터 이미지 열기할 것인지 물어본다.

첫 번째 '새 이미지 생성'을 클릭한다.

다음 단계로 가면 픽슬러가 어느 정도의 크기로 새 이미지를 만들 것인지 물어본다. 명함의 사이즈는 대부분 가로 9cm, 세로 5cm로 제작된다. 이 사이즈가 인쇄비 용도 가장 저렴한 사이즈이다. 다른 사이즈를 주문할 수도 있지만 비용이 증가한다. 명함 크기 가로 9cm, 세로 5cm를 재단까지 감안하여 cm를 pixel로 전환하면 가로 1087, 세로 614이다. 아쉽지만 픽슬러가 인쇄 전문 프로그램은 아니라 cm를 입력하는 기능은 아직 없다. 넓이 1087, 높이 614를 입력, 확인 버튼을 클릭한다.

아래와 같이 명함을 디자인할 수 있는 하얀 배경이 준비된다.

픽슬러의 인터페이스는 포토샵과 유사하며 포토샵으로 따라 해도 된다.

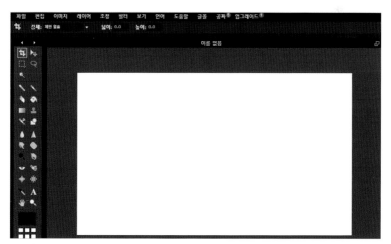

02_로고이미지 불러오기

여러분 컴퓨터에 저장된 로고 이미지를 픽슬러에서 열어준다.

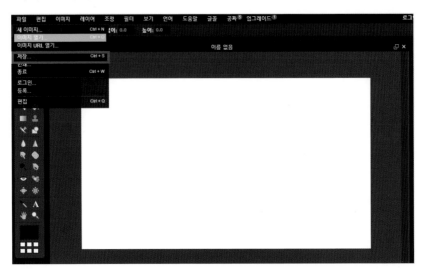

픽슬러 파일 메뉴의 이미지 열기를 한다. 로고 파일은 JPG 등의 그림파일을 열어주면 되는데 사이즈가 너무 작은 로고 이미지는 인쇄를 진행하면 저품질로 상태가 좋지 않다. 조금 큰 이미지를 준비한다. 현재 처음 열었던 배경 이미지가 있고 그 위에 로고 이미지 파일이 열리게 된다.

픽슬러는 이미지를 드래그 복사의 기능은 없으므로 로고 파일에서 '단축키 Ctrl+A'를 눌러준다. 이것은 픽슬러 메뉴〉편집〉모두 선택과 같다.

모두 선택한 이미지를 복사한다. 단축키는 'Ctrl+C'이다. 복사가 완료되면 로고 이미지 파일은 닫아 준다. 저장을 물어보면 '아니오'를 클릭해도 상관없다.

복사되어 있는 로고 이미지를 아래 명함 배경 파일에 붙여 준다.

단축키는 'Ctrl+V'이다. 로고가 붙고 오른쪽 레이 어창에 레이어 1이 생성된다. 이 레이어는 배경 이미지에 완전히 부착된 상태가 아닌 떠 있는 상태이며 이동은

왼쪽 툴 박스 '이동 도구'를 클릭하고 이동하면 된다. 로고 위치를 왼쪽 상단으로 이동, 크기를 줄여 본다.

크기 조절은 메뉴>편집>자유 변형을 선택한다. 이 점 중에서 오른쪽 맨 하단의 점을 클릭 드래그로 크기를 줄이면 되는데 항상 왼쪽 Shift 키를 누른 채로 드래그를 해야 로고 모양을 정비례로 유지하면서 줄일 수 있다. 최종 Enter를 누른다.

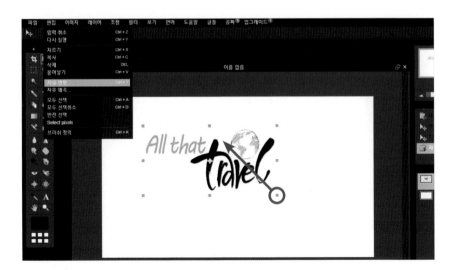

03_명함텍스트 입력하기

이제 명함에 글씨를 입력해 본다. 글씨를 입력하려면 왼쪽 툴 박스 하단의 A를 클릭하고 명함 배경 흰 부분에 클릭하면 텍스트 입력창이 나온다. 직함과 이름을 입력하고 글꼴, 크기, 색을 지정할 수 있다.

명함의 텍스트는 직함, 이름과 주소는 다른 글씨체와 크기로 디자인하는데 직함, 이름을 입력, 확인을 클릭 완료하고 난 후 또 다른 주소 텍스트를 생성한다.

04_명함파일 저장하고 CMYK로 전환하기

명함 앞면의 디자인이 완료되었다. 명함의 뒷면도 필요하다면 같은 방식으로 진행하여 뒷면 파일도 만들어 준다. 이제 완성된 명함을 저장하면 되는데 이때 2개의 파일로 저장해 주어야 한다. 1개는 인쇄를 진행할 JPG 파일과 1개는 다음에도 수정이 가능한 PXD 파일이다. PXD 파일로 저장해 두면 다른 직원의 명함도 이름과 연락처만 수정하여 인쇄 제작이 가능하다.

픽슬러는 저장 형식과 위치를 2번 물어보는데 찾기 편한 바탕화면에 '명함 완성. jpg'로 완성 파일을 저장해 두자.

다음은 현재 저장된 웹용 RGB 파일을 인쇄가 가능한 CMYK파일로 변경해 주어야 하는데 픽슬러는 웹 전문 프로그램이라 이러한 컬러 모드 변환 기능이 없다.

이때, RGB 파일을 CMYK로 간단히 무료 변환해 주는 웹사이트가 있다.

이미지 변환 사이트 www.rgb2cmyk.org에서 최종 CMYK 파일을 생성하고 바탕화면에 '최종 명함 인쇄 주문. jpg'로 저장해 준다.

05_명함인쇄 전문업체에 주문하기

이제 명함인쇄 전문업체에 주문을 해 보자. 포털사이트에 '성원애드피아'를 검색한다. 성원애드피아 이외에도 디피피아 등의 여러 업체가 있으나 JPG 파일로 접수, 인쇄가 가능한 업체는 많지 않다. 대부분 ai, pdf 파일로 접수해야 한다.

사업자등록이 있는 경우 기업회원으로 가입하고 상업 인쇄〉고급 지명함으로 이동하여 바로 주문 버튼을 클릭하고 완성된 파일을 업로드해 주면 주문이 완료된다. 제작 비용은 직접 확인하시기 바란다.

이 명함 제작 과정을 모두 공개하여 소규모 인쇄업을 하시는 분들께 괜한 피해가 가지 않을까 걱정도 되지만 소비자도 이제 많은 부분을 알고 공유하고 있으며, 인쇄 제작원가 이외에 디자인 비용을 더 청구할 수 있는 경쟁력을 확보하는 것이 서로 함께 살아갈 수 있는 방법이라 생각된다.

전단 만들기

전단이라고 하면 광고나 홍보를 목적으로 인쇄되는 1장으로 된 인쇄물이라 할 수 있다. '짧은 메시지를 전한다'라는 한자의 의미가 들어 있다. 디자인 전문용어로는 '리플릿(leaflet)'이라 부른다.

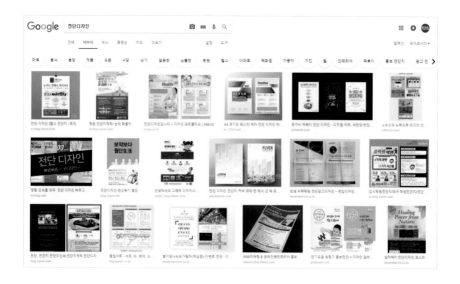

창업을 하고 나면 이러한 전단지를 제작하여 직접 배포하거나, 지역 배포 전문 업체를 찾아 배포 의뢰하여야 한다.

이번 장에서는 내가 직접 홍보 전단을 만드는 방법을 배워보기로 하자.

앞 장에서 배운 픽슬러로 명함 만들기와 크기가 조금 더 클 뿐 방법은 거의 유사하다. 무작정 픽슬러를 열기보다 잘 만든 전단 디자인을 참고로 해야 한다.

나의 사업 아이템과 홍보 목적에 적합한 디자인을 골라 프린트를 해서 준비해보자.

01_픽슬러 열기

픽슬러에 프로그램을 열어준다. 아래 그림처럼 새 이미지를 생성할 것인지, 컴퓨터로부터 이미지를 열 것인지, URL로부터 이미지 열기할 것인지 물어본다. 첫 번째 '새 이미지 생성'을 클릭한다.

다음 단계로 가면 픽슬러가 어느 정도의 크기로 새 이미지를 만들 것인지 물어본다.

전단은 일반적으로 2가지 크기로 제작된다.

B5(16절, 가로 183mm, 세로 258mm), A4(가로 210mm, 세로 297mm)인데 우리는 A4 크기의 단면 전단을 디자인해 보기로 한다.

전단 크기 가로 210mm, 세로 297mm 재단까지 감안하여 cm를 pixel로 전환하면 가로 2504, 세로 3531이다. 아쉽지만 픽슬러가 인쇄 전문 프로그램은 아니라 cm를 입력하는 기능은 아직 없다. 넓이 2504, 높이 3531을 입력하고 확인 버튼을 클릭한다.

픽슬러는 웹 전문 프로그램이기에 여러분의 컴퓨터가 너무 오래된 저사양일 경우 용량이 제법 커서 다운될 수도 있으니 메모리 4M 이상 컴퓨터를 권장한다.전단지 샘플은 앞 장의 명함 만들기를 진행했던 여행사의 스페인 여행 관련 내용으로 홈페이지 내용을 참조하여 제작해 보았다.

여러분의 내용에 맞게 연필로 스케치하고 전단 디자인에 들어가면 더 좋다.픽슬러에서 흰 배경이 준비되면 배경의 50% 상단에 이미지를 넣어 보자.

02_전단 배경이미지 디자인

배경으로 쓸 이미지는 자신이 찍은 사진이 가장 좋으나 혹시 없다면 픽사베이(www.pixabay.com)에서 '바르셀로나'를 검색하여 파밀리아성당 이미지를 최고 크기로 다운받아 준비한다. 픽슬러에서 성당이미지를 열어 준다.

이렇게 아래는 전단의 흰 배경, 위에는 성당 이미지 2개가 열린 상태인데 성당 이미지를 전체 선택하고 복사하고 닫아 준다. 키보드 단축키 Ctrl+A, Ctrl+C을 연속적으로 누르고 닫아 주면 된다. 그리고 전단 배경에 바로 Ctrl+V를 눌러 준다. 레이어 1에 성당 이미지가 옮겨진 것을 확인할 수 있다.

레이어 1의 성당 이미지를 상단 50%에 차지하도록 이미지 크기를 줄여 본다. 바로 편집>자유 변형을 실행하면 아래와 같이 양 끝 모서리에 핸들러가 생긴다. 핸들러의 오른쪽 최하단과 Shift 키를 동시에 누른 채로 성당 크기를 줄여 준다.

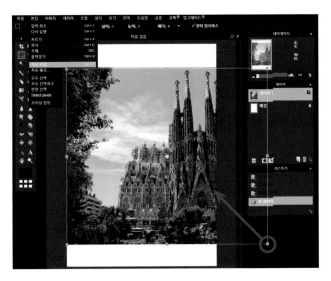

03_전단에 큰 타이틀 입력하기

성당 배경을 상단 50%에 배치하고 바로 아래에 타이틀, 헤드 카피를 입력한다. 이 때, 레이어 1의 성당 이미지 하단은 사각 선택 도구로 선택하고 Delete키로 지워 준다.

툴박스의 A를 클릭하고 '스페인, 성지순례 전문 여행사'라고 입력한다.

아래와 같이 굵고 눈에 띄는 서체로 입력해 본다. 나눔 스퀘어 ExtraBold, 크기 180포인트, 색은 진갈색(R:133, G:41, B:62)을 사용하였다.

04_전단 세부내용 입력하기

상단 이미지와 헤드 카피가 입력되고 나면 나머지 세부내용인 스페인 성지순례 프로그램에 대한 상세 내용, 친절한 안내 문구, 연락처 등을 입력해야 한다. 단순한 검정 글씨가 아닌 배경을 조금 준비하여 흰색 글씨를 입력하면 디자인적으로 업그레이드된다. 연락처 등의 글씨도 컬러풀하게 디자인해 주면 된다.

05_로고마크 삽입하기

전단 디자인 하단에 회사 로고마크가 들어가면 전단 디자인이 완성된다.

준비된 로고 이미지 파일을 픽슬러에서 열어 주고 이미지 복사, 이동과 동일하게 단축키 Ctrl+A, Ctrl+C를 누른 후 로고 이미지는 닫아 준다.

그리고 전단 하단에 Ctrl+V로 붙여 주고 위치와 크기를 조정해 주면 된다.

05_최종 전단 CMYK 저장하기

인쇄를 진행할 jpg 파일과 문구 수정이 가능한 원본 상태 pxd 파일로 저장한다.

위와 같이 저장된 파일은 인쇄가 가능한 CMYK 파일로 변경해 주어야 한다. RGB 파일을 CMYK로 변환해 주는 웹사이트 www.rgb2cmyk.org에서 최종 CMYK 파일을 생성하고 바탕화면에 '최종전단 인쇄 주문. jpg'로 저장해 준다.

06_전단인쇄 전문업체에 주문하기

전단인쇄 전문업체에 주문을 해 보자. '성원애드피아'를 검색한다. 로그인 후 상업인쇄>고급 전단에서 규격 A4를 지정하고 필요한 수량을 선택하고 주문한다.

견적서 만들기

창업을 하고 나면 견적서를 작성하여 이메일 또는 팩스로 보내야 할 상황이 많이 발생한다. 이럴 때 각 항목별 금액을 입력하면 합계 금액과 부가가치세가 포함된 금액까지 자동으로 만들어지는 견적서를 만들어 두면 매우 편리하다.

이러한 견적서를 아무리 검색해도 다운로드해 쓸 만한 파일이 없는데 바로 네이버 이러한 엑셀파일을 무료로 제공하고 있다. 디자인도 상당히 우수하여 필자도 회사용 견적서, 거래명세서로 재디자인하여 활용하고 있다.

네이버 검색창에 '네이버 한글한글 아름답게'를 검색하면 상단 메뉴에서 아래 그림과 같이 다양한 한글문서들을 다운로드해 무료로 사용할 수 있다.

엑셀 문서를 클릭하고 맨 하단부에 견적서, 거래명세서 등을 다운로드해서 사용할 수 있다. 압축된 폴더를 압축어 풀어 product_estimate 엑셀파일을 더블클릭하여 사용하면 된다. 혹시 PC에 엑셀 프로그램이 없어도 걱정 없다.

무료로 제공되는 구글 스프레드시트에서 파일 가져오기 기능을 이용하면 엑셀과 동일하게 사용이 가능하다.

이번 견적서 디자인하기는 다운로드한 엑셀파일을 엑셀 프로그램에서 열고 로고마크를 넣어 디자인된 견적서를 만들어 보자.

01_견적서 파일 정보 수정하기

네이버에서 다운로드한 엑셀파일을 더블클릭으로 열어 준다. 아래 그림처럼 열리면 공급자 부분에 상호, 대표자, 등록번호, 주소, 전화, 팩스를 입력한다.

견적 일자와 견적 유효기간도 수정해 준다.

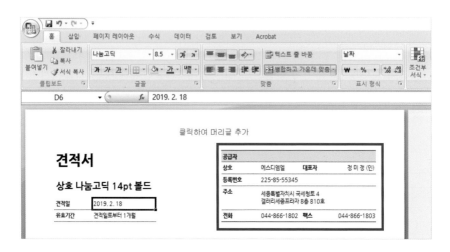

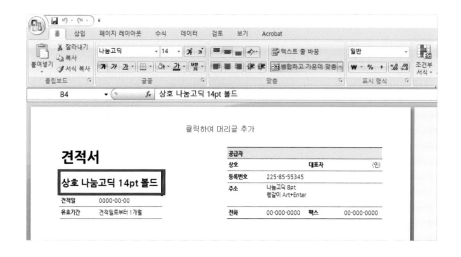

02_견적서에 로고이미지 삽입하기

상호 나눔 고딕 14pt 볼드의 셀을 선택하고 Delete키로 내용을 삭제해 준다. 삭제된 부분에 회사 로고 이미지를 삽입해 주어야 한다.

삭제된 셀을 선택하고 상단 메뉴 삽입〉그림을 클릭하고 저장된 로고 이미지를 삽입해 본다. 삽입 가능한 그림파일은 JPG, GIF 등이다.

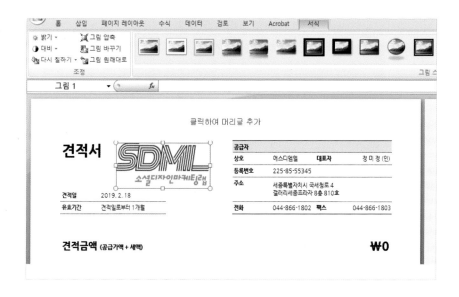

03_세부내용 삽입하고 저장하기

견적서 하단의 상세 내용을 입력해 본다. 품명, 규격, 수량, 단가를 입력하고 공급가액만 입력하면 자동으로 세액과 총합계금액이 계산되어 표시된다.

기타 부분에 참고사항을 입력하고 최종 견적 서명으로 저장 후 전송하면 된다.

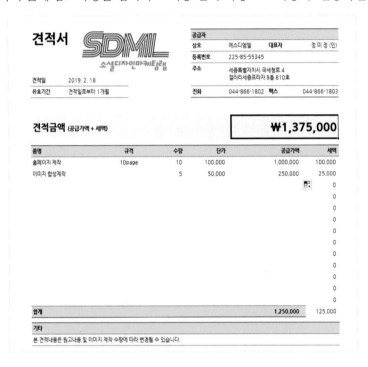

도전하라! ━━━━━
온라인 실전 창업

1판 1쇄 인쇄 2019년 4월 10일
1판 1쇄 발행 2019년 4월 15일

━

지 은 이 김인섭
발 행 인 이미옥
발 행 처 디지털북스
정   가 20,000원
등 록 일 1999년 9월 3일
등록번호 220-90-18139
주   소 (03979) 서울 마포구 성미산로 23길 72 (연남동)
전화번호 (02)447-3157~8
팩스번호 (02)447-3159
━

ISBN 978-89-6088-254-6 (13000)
D-19-08

DIGITAL BOOKS
디지털북스